2019 年国家自然科学基金面上项目（项目批准号：71972103）阶段性成果

中国创业板上市公司创新投资研究

苏德金 ◎著

中国财经出版传媒集团

经济科学出版社

Economic Science Press

图书在版编目（CIP）数据

中国创业板上市公司创新投资研究/苏德金著．－－
北京：经济科学出版社，2023.1
ISBN 978 - 7 - 5218 - 4479 - 5

Ⅰ.①中… Ⅱ.①苏… Ⅲ.①创业板市场 - 上市公司
- 投资 - 研究 - 中国 Ⅳ.①F279.246

中国国家版本馆 CIP 数据核字（2023）第 014222 号

责任编辑：李 雪
责任校对：蒋子明
责任印制：邱 天

中国创业板上市公司创新投资研究
ZHONGGUO CHUANGYEBAN SHANGSHI GONGSI CHUANGXIN TOUZI YANJIU
苏德金 著
经济科学出版社出版、发行 新华书店经销
社址：北京市海淀区阜成路甲 28 号 邮编：100142
总编部电话：010 - 88191217 发行部电话：010 - 88191522
网址：www. esp. com. cn
电子邮箱：esp@ esp. com. cn
天猫网店：经济科学出版社旗舰店
网址：http://jjkxcbs. tmall. com
固安华明印业有限公司印装
710×1000 16 开 13.25 印张 180000 字
2023 年 1 月第 1 版 2023 年 1 月第 1 次印刷
ISBN 978 - 7 - 5218 - 4479 - 5 定价：68.00 元
（图书出现印装问题，本社负责调换。电话：010 - 88191510）
（版权所有 侵权必究 打击盗版 举报热线：010 - 88191661
QQ：2242791300 营销中心电话：010 - 88191537
电子邮箱：dbts@ esp. com. cn）

序　言

　　当前，我国经济已经进入从高速度向高质量转型的"新常态"时期，单纯地依靠大规模资源投入驱动经济增长的传统模式已经不具有可持续性。同时，欧美在某些战略性新兴产业与高科技领域所采取的技术封锁与遏制政策，充分反映了我国在关键技术领域的短板，严重制约了经济的高质量发展。依据内生增长理论（the theory of endogenous growth），我国必须依靠引领高质量发展的第一驱动力——创新，才能够更有效地实现产业升级转型，进而抢占全球产业价值链协作的有利位置，获得更高的分工收益，最终提升国家的经济竞争力。

　　在我国创新驱动发展战略的实施过程中，创业板上市公司发挥着至关重要的作用，但其创新投资往往受到了诸多限制。第一，创业板上市公司的成长性较好，企业活动的各个环节对资金的需求较大，单纯依靠自有资金难以支撑必要的研发创新强度。第二，债务融资存在还本付息的压力，往往不适用于回报周期长、收益不确定的创新活动。第三，创业板上市公司在证券市场上面临着"三高"

问题：发行股价高、市盈率高、超募比例高，造成了资金的供求错位，资源配置效率扭曲，急需资金的企业难以得到必要的资金支持。为此，政府主管部门采用财政补贴与税收优惠等各种政策工具扶持创业板上市公司的创新活动。这说明创业板上市公司的融资结构比较多元，而每一种融资渠道或多或少都存在信息不对称问题，所带来的资金成本与融资约束影响着企业的投资决策。同时，作为企业等主体在市场活动中所涉及的各种宏观因素与条件总和，营商环境是影响企业资源配置效率的重要情境因素，对于各种融资渠道与创新投资之间的关系也存在增强或削弱的可能。

　　本书结合优序融资理论、政府干预理论与信息不对称理论等，利用创业板上市公司的面板数据，实证分析了融资渠道、融资约束、营商环境与创新投资之间的逻辑关系。实证分析结果有助于指导创业板上市公司以及其他利益相关者（如银行、股东、证券机构）等做出更具针对性的管理决策或投资方案，并为政府主管部门制定更精细化的干预政策提供决策参考。

刘春林

南京大学商学院党委书记、教授、博士生导师

前　言

　　在我国实行创新驱动发展战略的现实情境下，创新已经成为了行业实践者与政策制定者关注的焦点，而拓宽融资渠道、丰富资金来源是实现高强度创新投资、获取前沿技术成果的必要前提。作为聚焦先进科技、强调价值创造的市场参与主体，创业板上市公司在战略柔性、决策效率与创新能力等方面具有突出的优势，是推动我国技术研发水平进步与创新成果产业化应用的关键力量。

　　一般而言，创业板上市公司的融资渠道包含企业自筹（内源融资与外源融资）与政府扶持。其中，外源融资又可以细分为债务融资与股权融资，而政府扶持企业创新的重要政策工具主要有财政补贴与税收优惠。然而，已有文献对不同融资渠道与企业创新投资之间的关系仍然存在诸多悖论。基于此，本书在综合优序融资理论、政府干预理论与信息不对称理论等理论知识的基础上，通过梳理已有文献与理论成果，分别就债务融资、股权融资、财政补贴、税收优惠与创新投资之间的关系提出了竞争性假设。同时，创业板在多层次的资本市场中规模最小，不稳定的融资渠道、较高的融资成本在一定程度上限制了创业板上市公司的创新投资。简言之，较高的融资成本是制约创业板上市公司研发活动与创新效率的重要因素。考虑每一种融资渠道均存在资金使用成本，本书引入融资约束作为中介变量，探讨其在融资渠道与企业创新投资之间的作用机制。这对于创业板上市公司保持稳定的现金流、实现高质量创新产出、培育战略性竞争优势至关重要。此外，已有研究在分析融资渠道与创新投资之间关系之时，也鲜少将营商环境作为重要的情境因素加以考虑。作为企业外部治理的重要内容与企业赖以生存的生态系统，营商环境代表着市场运行、资源配置、法律法规、政务服务、伦理规范等相关内容的健全程度，对于保障市场主体通过自主交易实现收益、防止资源的无序配置、降低市场主体的交易成本等具有重要的作用。

基于上述分析，本书利用 2010~2021 年 856 家创业板上市公司、总计 8185 个样本的非均衡面板数据，分析了创业企业融资结构与创新投资之间的直接关系，并探讨了融资约束的中介作用与营商环境的调节作用。时间与个体的双向固定效应模型分析结果表明：在主效应方面，内源融资、股权融资与税收优惠均有助于提升创业板上市公司的创新投资，而债务融资则显著抑制了创新投资，但未发现财政补贴的显著作用。在中介效应方面，融资约束分别在内源融资、债务融资、股权融资、税收优惠与创新投资之间发挥部分中介作用，但未发现其在财政补贴与创新投资之间的显著中介效应。在营商环境的调节效应方面：第一，市场化水平（或法治化水平）均分别增强了内源融资、股权融资、税收优惠与创新投资之间的关系；第二，政府治理水平显著增强了内源融资、债务融资、股权融资、税收优惠对创新投资的影响。通过一系列的稳健性检验发现，上述结论依然成立。此外，本书为了提升研究结论的情境应用性，从产权性质（有无国有持股）、治理结构（董事长与 CEO 是否两职合一）、行业类型（是否为制造业）、高管特征（高管有无海外背景）等视角，分析了融资渠道与创新投资之间关系的异质性，并探讨了产生异质性结果的背后原因和逻辑。

　　结合研究发现，本书认为：首先，创业板上市公司应当在经营活动中平衡融资结构、识别不同融资渠道对融资约束的差异化影响，使用内源融资、股权融资与税收优惠支持回报周期长的创新投资，而有还本付息压力的债务融资则主要用于回报相对确定的短期投资项目。其次，政府主管部门应当设计更加精准、更大力度的研发费用加计扣除政策，强化税收优惠对创业板上市公司创新投资的刺激效应，而在财政补贴方面也应当加大考核与监督力度，以达成其对创新投资的刺激作用。再次，市场活动主体的创业板上市公司与纠偏市场活动的政府部门均应积极参与营商环境的建设，致力于市场化水平、法治化水平、政府治理水平等内涵的提升，推动市场资源的优化配置与高效产出。最后，本书还讨论了研究的不足之处，并认为未来研究还可以从将财政补贴细分为事前财政补贴与事后财政补贴、考虑营商环境的更多维度内涵、使用 B 类报表数据消除子公司的地域差异等方面，进一步探讨融资渠道、融资约束、营商环境与创新投资之间的逻辑关系。

目录
CONTENTS

第一章

绪　　论

本章立足于创新驱动发展战略的政策情境与创业板上市公司在高质量创新中的重要作用，交代了本书的研究背景、研究内容、研究意义、研究方法、研究创新点以及技术路线图。

第一节　研究背景

改革开放以来，依靠大规模的资源要素（土地、能源、人力、资金等）投入，我国经济实现了快速稳定的增长，GDP 总量持续增加，综合国力与人民生活水平得到了巨大提升（洪银兴，2021）。然而，相比于欧美、日本等发达国家，我国产业结构相对失衡、行业竞争力仍然较弱，具体表现在：（1）第一产业（农业、林业、牧业、水产养殖业等）的全要素生产率不高，受地理、土壤、气候等自然条件影响较大。（2）在第二产业中，虽然个别行业在世界范围内具有一定的竞争力，但是整体技术水平不强，在全球价值链分工中主要处于投资回报率较低的制造环节，而在附加价值较高的研发设计环节与市场推广环节相对较弱，缺乏国际竞争优势，呈现出"中国制造多、中国创造少"

的尴尬局面①。(3) 第三产业发展严重滞后，商业、金融、教育以及其他服务业距离欧美发达国家存在较大差距，对于 GDP 的总体贡献率占比较低。尤其是近年来，由于劳动力、原材料、融资、土地、能源、环境等要素成本不断攀升，且人民币遭受巨大的外部升值压力，我国已经逐渐失去了传统的低成本相对竞争优势，对外资企业的吸引力有所下降（阮建青等，2021）。同时，面对西方国家"再工业化"政策下的高端制造业回流压力，缺少自主品牌、自主设计、核心技术的明显特征，严重制约了中资企业在全球范围内的竞争力与影响力（徐礼伯和张雪平，2019）。为此，需要重视知识产权保护、建立制度保障体系、推动自主创新，引领经济增长动力从"要素驱动""投资驱动"向"技术驱动""创新驱动"的根本转变；实现产业发展模式从"中国加工""中国制造"向"中国创造""中国智造"的跨越式升级（汪芳和石鑫，2022；余长林和池菊香，2021）。

一、创新驱动发展战略的政策脉络

高质量的创新、高水平的创造、高效益的创业，关键之一在于保证企业持续的、稳定的投资，满足价值链活动各个环节资金的需求（杜运周等，2022）。为此，国家过去十余年间在政策层面上持续发力，出台了一系列相关的支持措施，多渠道支持与鼓励企业提高创新投资力度、优化产学研合作机制、强化创新成果产出、推动技术商业化应用、发展战略性新兴产业、做强做优做大相关企业。

---

① 尽管我国的钢铁、水泥、建材、造纸等行业的产能已经高居全球第一，但很多关键技术仍然缺乏自主知识产权，粗放型的发展模式造成了"行业大而不强"的尴尬局面，严重制约着相关产业在全球范围内的战略竞争力。近年来，我国致力于优化和调整产业结构，淘汰落后产能，减少碳排放量，实现绿色可持续增长，塑造可持续的战略竞争优势。

例如，2010年，《国务院关于加快培育和发展战略性新兴产业的决定》将具有知识密集度高、技术外溢性强、资源能耗率低、成长潜力巨大、综合效益突出等特征的"节能环保、新一代信息技术、生物、高端装备制造、新能源、新材料、新能源汽车"确定为战略性新兴产业[①]，设立了专项发展资金，并加大针对这七大产业的财税金融等政策的扶持力度，引导和鼓励社会资本参与创新创业活动，夯实行业可持续发展的资金基础，以发挥其对经济发展与社会进步的重大牵引作用。简言之，大力培育、发展战略性新兴产业，是党与国家为改变粗放型经济增长方式、抢占全球科技制高点所做出的重大战略决策与部署。基于此，这七大产业得到了创业者与资本市场的青睐，诞生了大量新创企业，其中一部分已经成功在创业板（growth enterprises market，GEM）或主板（main board market）上市，拓宽了资金的筹集渠道，成了相关产业的头部企业，引领着创新创业浪潮的持续涌现（潘海英和胡庆芳，2019）。

在2012年7月的全国科技创新大会上，我国首次提出了要实施创新驱动发展战略（innovation-driven development strategy），加快产业结构转型升级，推动实体经济的健康稳定发展，提高我国企业在日趋激烈的全球竞争中的主动性。党的十八大报告明确提出了"科技创新是提高社会生产力和综合国力的战略支撑，必须摆在国家发展全局的核心位置"，强调我国的发展要依靠科技创新驱动，而不是传统的劳动力与能源资源驱动。2013年，《国务院办公厅关于强化企业技术创新主体地位全面提升企业创新能力的意见》指出，虽然我国企业的技术创新能力在不断提升，但是相比于欧美发达国家，基础创新能力依旧薄弱，基础研究投入不足，支撑高水平

---

① 国务院关于加快培育和发展战略性新兴产业的决定［EB/OL］. 中国政府网，2010－10－18. www.gov.cn/zhengce/content/2010－10/18/content_1274.htm. 2022－11－01.

应用研究的基础理论不强，许多领域仍缺乏核心竞争力。尤其是，我国产业总体上仍处于价值链的中低端环节，"卡脖子"现象尤其突出，全要素生产率、产业增加值率、技术溢出效应等关键性指标距离欧美日等发达国家存在较大差距。为此，我国政府应当积极引导企业建立现代化的创新机制，鼓励企业开展前沿领域的探索，推动重大创新成果的商业化与产业化应用，加强企业高水平研发人才队伍建设，最终服务于国家整体创新能力的提升。

2016 年，国务院印发的《国家创新驱动发展战略纲要》①指出，不能单纯依靠引进外国技术消化吸收，必须加强源头供给，强调原始创新，增加资本支持，做好产业布局，促进战略性新兴产业的发展，获取先行者优势（first-mover advantage）。换言之，关键核心技术的突破、战略新兴产业的培育，都需要依靠加强创新投资力度。该纲要强调分三步走实现战略目标：第一步，到 2020 年进入创新型国家队列，基本建成中国特色国家创新体系，研发经费支出占 GDP 比重要达到 2.5%；第二步，到 2030 年跻身创新型国家队列，发展驱动力实现根本转换，研发经费支出占 GDP 比重达到 2.8%；第三步，到 2050 年建成世界科技创新强国，成为世界主要科学中心和创新高地，在政策制定与制度安排方面将创新作为核心因素。2017 年，党的十九大报告指出，创新是引领发展的第一动力，是建设现代经济的战略支撑，因此要通过加大创新投资，推动创新创业、做优做强企业。2018 年 4 月 19 日开始，《科技日报》在一版头条推出了新专栏"亟待攻克的核心技术"，陆续公布了 35 项"卡脖子"技术清单以及 60 项我国还未完全掌握的核心技术清单，包括：（1）高端发动机，如飞机、航母、高性能汽车等的发动

---

① 国家创新驱动发展战略纲要［EB/OL］. 中国政府网，2016 – 05 – 19. www. gov. cn/gongbao/content/2016/content_5076961. htm. 2022 – 11 – 01.

机；（2）新材料，如飞机起落架、飞机轴承、半导体原材料等；
（3）数控机床，精细零部件生产需要的数控机床；（4）生物医药
和医疗设备，治癌药、核磁共振、CT 等设备也主要依赖进口；
（5）信息硬件，如 10 纳米或 5 纳米的高端芯片等，说明我国在关
键领域还存在比较明显的短板。一些研究指出造成这些差距的微观
层面原因是资源配置效率低下，即企业由于融资约束和其他缺陷，
所能获得的资金相对有限，难以支撑失败概率高、收益不确定、回
报周期长的突破式创新（严若森等，2020；余长林和池菊香，
2021）。2018 年 11 月 26 日，国家统计局发布《战略性新兴产业分
类（2018）》①，明确战略性新兴产业是以重大技术突破和重大发展
需求为基础，对经济社会全局和长远发展具有重大引领带动作用，
知识技术密集、物质资源消耗少、成长潜力大、综合效益好的产
业，包括九大领域：新一代信息技术产业、高端装备制造产业、新
材料产业、生物产业、新能源汽车产业、新能源产业、节能环保产
业、数字创意产业、相关服务业等（如表 1 - 1 所示）。近年来，这
些产业已经为我国的创新创业活动与经济高质量发展做出了巨大贡
献。例如，涉及信号采集、数字转换、运算处理、网络传输、信号
还原等一系列技术活动的数字经济，具有创新投资高、创新活跃度
高、跨行业渗透性强等典型特点，催生了大量从事新技术、新业态
与新模式的创业企业，有效地提升了我国经济高质量发展的内涵
（马骏等，2020）。从 2012 ~ 2021 年，我国数字经济规模从 11 万
亿元增长至 45 万亿元，数字经济占 GDP 比重由 21.6% 上升至
39.8%（王政，2022）。不过需要指出的是，相比于欧美发达国
家，我国数字经济的核心技术与内涵缺乏足够竞争力，仍然需要依

---

① 战略性新兴产业分类（2018）［EB/OL］. 国家统计局网，2018 - 11 - 26. www.
stats. gov. cn/tjgz/tzgb/201811/t20181126_1635848. html. 2022 - 11 - 01.

靠高强度的创新投资与高质量的研发活动，加强关键技术攻关，加快新型基础设施建设，推进重点领域数字经济的产业化发展。

表1-1 九大战略性新兴产业

序号	产业类别	主要内涵与特征
1	新一代信息技术产业	推动新一代移动通信、下一代互联网核心设备和智能终端的研发及产业化。大力发展数字虚拟、人工智能、云计算、区块链等技术，促进物联网的研发与应用
2	高端装备制造产业	重点发展以干支线飞机与通用飞机为主的航空设备；积极推进空间基础设施建设，促进卫星及其应用产业发展。大力发展轨道交通设备、海洋工程设备
3	新材料产业	大力发展稀土功能材料、高性能膜材料、特种玻璃、功能陶瓷、半导体照明材料等新型功能材料。开展纳米、超导、智能等共性基础材料研究
4	生物产业	大力发展重大疾病防治的生物技术药物、新型疫苗、诊断试剂、化学药物、现代中药等创新药；加快先进医疗设备、医用材料等生物医学工程产品的研发与产业化
5	新能源汽车产业	突破动力电池、驱动电机和电子控制领域关键核心技术，推进插电式混合动力汽车、纯电动汽车推广应用和产业化
6	新能源产业	积极研发新一代核能技术和先进反应堆，发展核能产业。加快太阳能热利用技术推广应用，开拓多元化的太阳能光伏光热发电市场
7	节能环保产业	重点开发推广高校技能技术装备及产品，实现重点领域关键技术突破，带动能效整体水平的提高
8	数字创意产业	大力推动会展技术、虚拟现实技术、产业可视化技术的研发与产业化应用
9	相关服务业	为上述八大产业提供研发服务、气象服务、检验检测认证服务、知识产权服务、创业创新服务、金融融资服务等，是产业链上下游的延伸

资料来源：作者根据相关公开资料汇集整理而成。

从技术溢出的视角来看，引进外商直接投资（FDI），以市场换技术，获得更多的技术溢出效应，参与全球价值链分工，推动我国产业结构升级，是我国过去数十年间经济发展取得巨大成就的关键原因（邓娅娟等，2021）。然而，随着近年来"逆全球化"趋势的不断加剧，欧美高端制造业回流本土，促使我国向发达国家先进企业获取技术溢出效应、学习效应等处于迟滞状态。为抢占全球价值链分工的有利位置、培育国际化竞争力，以在与发达国家先进企业的激烈竞争中立于不败之地，我国企业不能故步自封、闭门造车，应当主动走出去，通过持续、稳定的创新投资，聚焦于前沿技术的创新与应用。在 2020 年的经济社会领域专家座谈会上，习近平总书记强调"国际经济联通和交往仍然是世界经济发展的客观要求"，要构建以国内大循环为主体、国内国际双循环相互促进的新发展格局①。为此，要重视研发活动与技术创新，优化经济产业结构，提升中资企业在全球经济活动中的地位，服务于我国经济高质量增长的需要。同时，欧美发达国家相继采取了较大力度的减税政策，吸引中高端制造业向本国回流（如美国的"特朗普新政"与"再工业化"政策、德国的"国家工业战略 2030"、2021 年欧盟推出的"工业 5.0"等），并借口国家安全对我国一些产业领域进行技术封锁，以不正当手段重新塑造本国企业的国际影响力。内部战略的需求与外部环境的变化迫使中资企业必须通过提高创新投资，强化技术创新能力、获取战略竞争优势。当前，国内外环境发生了深刻复杂的变化，高质量发展对加快科技创新提出了更为迫切的要求。2021 年发布的《中华人民共和国国民经济和社会发展第十四个五年规划和 2035 年远景目标纲要》（"十四五"规划）强调，要坚持以创新驱动发展、全方位培育发展新优势的战略，强化国家战略科

---

① 习近平. 习近平主持召开经济社会领域专家座谈会并发表重要讲话［EB/OL］. 新华社，2020 - 08 - 24. www. gov. cn/xinwen/2020 - 08/24/content_5537091. htm. 2022 - 11 - 07.

技力量①。2022 年《政府工作报告》中指出"全球疫情仍在持续，世界经济复苏动力不足，大宗商品价格高位波动，外部环境更趋复杂严峻和不确定。中国经济发展面临需求收缩、供给冲击、预期转弱三重压力"。面对内外错综复杂的挑战，我国要实现经济的可持续健康发展，更是需要实施创新驱动发展战略，有效利用财税等宏观手段，增强经济发展的有效性、效益性。2022 年 6 月 28 日，习近平总书记在武汉考察时再次强调必须完整、准确、全面贯彻新发展理念，深入实施创新驱动发展战略，把科技命脉牢牢掌握在自己手中，催生更多新技术新产业，开辟经济发展的新领域新赛道，形成可持续的国际竞争新优势。强调坚持创新，就要提升企业技术创新能力，实现从"制造引领"转向"创新引领"，重点发展绿色经济、数字经济、健康经济等具有较高附加价值、较强辐射能力、较强战略影响力的产业（如新能源、新环保材料、高性能计算机、光子与微纳电子、人工智能、云计算、生物医药等）。2022 年 10 月 16 日，习近平总书记在党的二十大报告中强调"必须坚持科技是第一生产力、人才是第一资源、创新是第一动力，深入实施科教兴国战略、人才强国战略、创新驱动发展战略，开辟发展新领域新赛道，不断塑造发展新动能新优势。""加快实施创新驱动发展战略，加快实现高水平科技自立自强，以国家战略需求为导向，聚集力量进行原创性引领性科技攻关，坚决打赢关键核心技术攻坚战，加快实施一批具有战略性全局性前瞻性的国家重大科技项目，增强自主创新能力"②。

---

① 中华人民共和国国民经济和社会发展第十四个五年规划和 2035 年远景目标纲要 [EB/OL]. 中国政府网, 2021 – 03 – 13. www. gov. cn/xinwen/2021 – 03/13/content_ 5592681. htm. www. gov. cn/xinwen/2020 – 08/24/content_5537091. htm. 2022 – 11 – 07.

② 习近平. 高举中国特色社会主义伟大旗帜 为全面建设社会主义现代化国家而团结奋斗——在中国共产党第二十次全国代表大会上的报告 [EB/OL]. 新华社, 2022 – 10 – 25. www. gov. cn/gongbao/content/2022/content_5722378. htm. 2022 – 11 – 07.

从企业层面来看，为了实现创新驱动高质量发展的战略目标、获取行业内的领先优势，必须将战略重心逐渐转向具有高附加价值的技术创新层面，保证作为创新主体的企业拥有大量持续、稳定的研发经费投入，以支撑资金需求量较大的创新活动，产出具有竞争力的技术成果，培育战略竞争优势（吴伟伟和张天一，2021）。然而，由于受到"新进入者劣势"（the liability of newness）的制约，新创企业的组织合法性不强、资源基础较为薄弱、研发经费不足阻碍了新创企业竞争优势的培育，最终影响了创业的成功率与成长性。因此，需要畅通科技型企业国内上市的融资渠道、改革财税政策、拓宽融资来源、均衡融资结构，提升创业板服务成长型新创企业的融资功能，鼓励发展天使投资、创业投资，更好地发挥创业投资引导基金与私募基金的作用。

二、创新投资概况

作为创新投资的量化体现，研发经费投入反映了一个国家对于创新投资的重视程度，是培育战略性新兴产业、抢占全球价值链分工有利位置、实现产业结构升级转型的关键。近年来，我国的研发投入经费额度与强度不断攀升（如图 1 - 1 所示）：2013 年研发投入经费达到 1.18 万亿元，约为位居榜首的美国的 40%，超过日本首次跃居全球第二位；研发投入强度（研发经费总额与 GDP 的比值）达到 2.08%，较 2012 年的 1.98% 提升了 0.1 个百分点。2020年，我国研发经费投入总额已高达 2.4 万亿元，增长率高达 10.2%，连续 5 年实现了两位数的增长速度；研发投入强度为 2.4%，是 2010 年以来的最高涨幅，但仍低于美国、德国、日本、韩国等发达经济体，说明我国在创新投资方面仍然有较大的提升空间。研发人员达 523.5 万名/每年，同比增长 9%，持续排名世界第一，但也表明我国研发人力的单位产出相对较低，投入产出比有待提高。2021 年，我国研发投入经费继续增加，达到了 2.79 万亿元；研发投入强度达到 2.44%，接近 OECD（Organization for Economic Co-operation and Development，经济合作与发展组织，简称"经合组织"）国家平均水平，国家创新能力综合排名位居全球第 12 位。作为创新的主体力量，企业研发经费达到 2.12 万亿元，占当年度全国创新投资经费总额的 76%。尤其是在国内外政治经济形势日益复杂、全球科技水平突飞猛进、后疫情时代不确定性因素持续增加的现实背景下，企业承担着前沿技术研发与商业化应用的重任，增加研发经费、提升创新投资强度，对于实现产业结构升级转型与国家竞争力培育等具有极其关键的作用。这是由于研发投入经费的增加、创新投资力度的提高，有助于企业产生新技术、新产品、新流程、新商业模式，抢占价值链分工中的有利位置，进而提升企业的创新绩效。

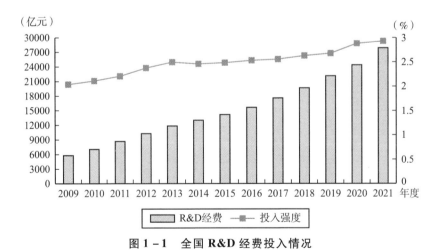

图 1-1　全国 R&D 经费投入情况

数据来源：《中国科学技术统计年鉴（2009~2018）》与《全国科技经费投入统计公报（2019~2021）》。

国家统计局的相关统计数据也表明，研发投入经费的持续增长，保证了创新主体有更多的资金用于技术创新活动，从而带来先进知识的持续创造、创新成果的不断积累。作为创新质量标志性成果之一的专利（如表 1 - 2 所示）：2019 年全年共授权发明专利 36.1 万件，授权实用新型专利 157.4 万件，授权外观设计专利 53.9 万件；2020 年，我国发明专利授权 44.1 万件，实用新型专利授权 236.9 万件，外观设计专利授权 71.2 万件，每万人口高价值发明专利拥有量达到 6.3 件；2021 年，我国创新产出方面进一步增强，授权发明专利 69.6 万件，授权实用新型专利 312.0 万件，授权外观设计专利 78.6 万件，每万人口高价值发明专利拥有量达到 7.5 件[①]。然而相比于实用新型专利与外观设计专利，作为含金量最高、商业潜力最大的发明专利的数量相对较少，反映技术溢出效应的专利被引用次数有较大提升空间，说明高质量创新仍然是我国经济高质量发展的短板。国家统计局社科文司首席统计师李胤指出，与美国、日本、德国等发达国家相比，我国企业的创新水平还较为落后，创新能力相对薄弱，创新质量仍然有待提升，在基础科学研究板块仍然存在较多短板，缺乏重大原创性成果、核心技术受制于人，严重制约着我国企业在全球的竞争力。为了解决这些"卡脖子"问题，前期持续、稳定的研发投入与创新投资至关重要，没有量的积累就很难实现质的突破。然而，企业研发活动具有很强的不确定性、长周期性、非对称性与知识外溢性等特点，需要有大量、稳定、持续的资金作为后盾，才能有效地保证创新投资力度。因此，在实施创新驱动高质量发展战略的过程中，必须考虑企业创新投资所需资金的来源，拓宽研发资金渠道，确立健康合理的融资结构。

[①] 李萌. 2021 年全国科技经费投入统计公报 ［EB/OL］. (2022 - 08 - 31). http：//www.gov.cn/xinwen/2022 - 08/31/content_5707547.htm.

表 1 - 2 　　　　2008~2021 年全国专利申请与获批数 　　单位：件

年度	专利申请量			专利申请授权量		
	发明专利	实用新型专利	外观设计专利	发明专利	实用新型专利	外观设计专利
2008	N/A	N/A	N/A	46590	175169	130647
2009	N/A	N/A	N/A	65391	202113	234282
2010	272013	382395	378451	79767	342256	318597
2011	385766	550922	474392	112347	405086	366428
2012	493805	696863	601509	143847	566750	452629
2013	648219	837249	598015	143535	686208	398670
2014	734102	809579	510317	162680	699971	346751
2015	883977	1060889	516978	263436	868734	464807
2016	1111147	1400070	592753	302136	897035	429710
2017	1245709	1679807	610817	326970	967416	426442
2018	1393815	2063860	689097	345959	1471759	517693
2019	1243568	2259765	691771	360919	1574205	539282
2020	1344817	2918874	752339	440691	2368651	711559
2021	1585663	2852219	805710	695946	3119990	785521

数据来源：作者根据国家知识产权局公开数据整理而成，N/A 代表"未披露"。

已有研究表明，创业企业（entrepreneurial enterprises or entrepreneurial firms）在就业岗位创造、前沿技术创新、社会财富创造、社会福祉民生、社会和谐稳定等诸多方面发挥着举足轻重的作用，对国民经济和社会发展具有重要的战略意义（Baumol，2004；董孝伍，2018；Hu et al.，2018）。2009 年，我国建立了创业板上市交易市场，构建了多层次的资本市场，为具有较强创新能力和快速成长趋势的创业企业提供了更多的融资机会，解决发展过程中的资金需求（肇启伟，2021）。换言之，创业板市场为自主创新确立了优胜劣汰的机制，带动了社会整体创新效率的提升，具体表现在：第一，事前甄别。在创业板上市属于第一次事前甄别，这些企业大多从事高新技术领域，具备较高的成长性与业绩表现，但成立时间一般较短、规模较小。获得资本市场的融资是第二次事前甄别，通过风险投资者的甄别从而获得了充足资金、支撑企业的研发活动。建立预先选择机制，将真正具有竞争潜力、市场前景的创业企业推向市场参与竞争。第二，事后甄别。通过证券交易所的持续上市标准，建立制度化的退出机制，将问题企业淘汰出市场，保持创业板的生机与活力，引领前沿领域的技术创新，服务于经济高质量发展的需要。

随着创新创业浪潮的持续推进，截至 2020 年 8 月，创业板上市公司数量已经突破一千家，其中绝大多数都是强调创新投资与前沿科技的创新型企业，在新材料、新能源、机器人、生物医药、人工智能、绿色环保等领域取得了令人瞩目的成果，成了推动我国技术进步与经济高质量增长的重要动力源。然而，相比于主板上市公司，创业板上市公司普遍存在规模较小、自有资金相对匮乏、外源融资能力较弱、融资成本较高等特点，其研发活动难以得到持续充足的资金支持，严重制约了企业的创新产出（项桂娥等，2021）。因此，如何拓宽融资渠道、丰富资金来源、降低融资成本、弱化融资约束，是创业板上市公司加大创新投资力度，发展前沿科技的关键。简言之，健康合理的融资结构是创业板上市公司能否有效开展技术创新、培育战略竞争优势、实现可持续发展的前提。

第二节 研究内容

在创新驱动战略为高质量发展蓄势赋能的现实情境下，本书旨在研究我国创业板上市公司融资渠道与创新投资的逻辑关系，并探讨融资约束的中介作用与营商环境的调节效应，以期为创业板上市公司强化投资效率、提高资本运作水平提供必要的理论逻辑与实践依据。一般而言，在多样化的融资结构中，内源融资、债务融资、股权融资是企业获取资金支持、维持经营活动的主要渠道（汪军，2019）。内源融资是指企业将留存收益、计提折旧或定额负债等内部资金流用于经营活动，具有成本低、风险低、灵活性高、自主性强、抗风险性强等优点，是最为稳定可靠的融资来源（杨帆和王满仓，2021）。然而，内源融资提供的资金容易受到企业自身的经营状况影响，企业经营一旦遇到困难，扩大生产或者实现技术进步所需的资金就会受到极大限制。因此，为了保证战略活动的持续性，企业还需要通过债务融资或者股权融资，寻求外部资金支持。债务融资的典型特点是到期归还本金，支付利息，容易给企业带来比较大的资金压力（陈良华等，2019；王晓燕和王梓萌，2020）。相比于债务融资，股权融资具有高风险、高回报的特点，对企业最终盈利有剩余索取权，与创新创业活动的特征相吻合，同时也不会像债务融资一样容易给企业带来财务困难，往往有利于企业开展长期性经营活动（胡恒强等，2020）。然而，股权融资过高，大股东的持股比例被分散，容易造成企业控制权被稀释，可能影响公司的治理结构与决策效率。

在市场经济条件下，企业难免遭遇市场失灵所带来的资源配置低效率、低精确性等问题，导致内源融资或者外源融资不足、影响企业正常的经营活动，这就要求政府应当有效利用财税等政策工具，充分发挥宏观经济的调控职能，为市场在资源配置中作用的有效发挥进行必要的干预。尤其是在结构失衡或供给出现"瓶颈"时，惠企纾困的政府干预被认为是一项非常有效的措施（池仁勇等，2021；Takalo and Tanayama，2010）。一般而言，财政补贴与税收优惠是较为常见的政府干预经济活动的政策工具，前者为满足相应条件要求的企业提供了直接的资金支持，而后者则通过降低成本费用支出间接增加相关企业的可用资金（孙一等，2021）。国内外的相关文献也表明对于创新性强、成长性高的创业企业而言，资源基础薄弱、组织合法性不足、产业嵌入程度低、社会网络偏离等严重制约着创业企业的成功率与成长性，政府的政策干预显得尤为重要（Colombo et al.，2013；白旭云等，2019）。除了保护性作用之外，政府干预也经常被认为存在非保护性作用，即政府要求当地企业发挥在创造就业岗位、完成税收缴纳、树立典型标杆等方面的作用，可能导致企业的发展偏离了市场的需求（金宇超等，2016）。简言之，政府干预中的保护性作用与非保护性作用错综复杂地交织在一起，其对创业板上市公司经营活动与战略决策的影响存在着不确定性。

综上分析，内源融资、债务融资、股权融资、财政补贴与税收优惠形成了创业板上市公司的融资渠道，决定着企业的资金基础与资源禀赋，影响着包含创新投资在内的价值链活动。而不同的融资渠道，资金的成本存在一定差异，所形成的融资约束水平也有所区别，企业决策者在资金使用时所要考量的内容也不一样（Nikolov et al.，2021；张璇等，2019）。为此，本书引入融资约束概念，剖析融资渠道对创业板上市公司创新投资的影响机制。此外，受经济水平、历史条件、资源禀赋、地理空间与政府政策等的影响，不同地区的营商环境存在较多差异（朱永明等，2019）。营商环境反映了企业外部经营环境的优劣：营商环境越优良，越有助于保证市场在资源配置中的主导性作用，企业的经营活动也更加活跃、内源融资的可能性更高，同时获得债务融资和股权融资的机会也越多，财政补贴与税收优惠越能够发挥预期的干预效应，研发资金配置的精确性与效率性也越高（许玲玲等，2021）。而营商环境较差的地区，往往表明市场上的投资机会相对较少，市场在资源配置中的主导性作用发挥受限，各种融资渠道对企业经营活动的影响更容易出现波动性。为此，党中央、国务院强调要持续优化营商环境，建立市场化、法治化、国际化的营商环境，提高行政服务效率与公共服务水平，才能为激发市场主体活力提供必要的制度保障与肥沃的创新土壤，从而充分发挥市场在资源配置中的主导性作用，弘扬企业家精神，推动作为经济力量载体的市场主体服务于经济的高质量发展。因此，作为企业外部治理的重要内容与生态系统的组成部分，营商环境还可能调节企业融资渠道与创新投资之间的关系（梅冰菁和罗剑朝，2020）。

具体而言，本书主要回答以下研究问题：

首先，深入研析创业板上市公司融资渠道的本质、内涵与特征，探讨不同融资来源对创新投资的影响是否存在差异性。已有研究关于融资渠道与创新投资之间的关系，仍未取得统一的观点，如债务融资、股权融资、财政补贴、税收优惠对创新投资的影响，均存在正向促进或负向抑制的争议结论（池仁勇等，2021；胡恒强等，2020；乔建伟，2020；吴伟伟和张天一，2021）。因此，在多元融资结构下，不同融资渠道对于创业板上市公司创新投资的影响究竟如何，值得进一步探讨与明确。

其次，探讨创业板上市公司融资渠道作用于创新投资的内在机理，即不同的融资渠道是否通过影响企业的融资约束程度，进而影响企业的创新投资决策。融资约束反映了企业融资过程中面对的困境，是衡量融资成本的重要指标。不同的融资渠道、差异化的融资来源，意味着创业板上市公司所要面临的融资约束水平也存在一定的差异（张玉娟等，2018）。深入剖析融资渠道作用于创新投资的内在机制，是为创业板上市公司与相关政策主管部门制定更具针对性决策、提高资金配置效率的关键前提（王善平和王灿，2022）。

再次，作为企业赖以生存和发展的生态系统，营商环境涉及地区市场化进程、法治化建设与政府治理能力等诸多内容，决定了企业所处地区营商条件的优劣，影响了资源的配置效率（李玉刚等，2022；严若森等，2019）。考虑我国经济发展程度呈现出较大的地域性差异、各地区营商环境水平参差不齐，意味着区域内的创业板上市公司在决策透明度、资源可得性、投资取向性等诸多方面也有所不同。因此，有必要探讨营商环境如何调节融资渠道与创新投资之间的关系。考虑到数据的可得性与连续性，本书重点考察了营商环境的三个关键指标（市场化水平、法治化水平与政府治理水平）在主效应中的调节作用。

最后，不同所有权、不同治理结构、不同行业属性等特征的企业，在融资能力、资源禀赋、制度合法性、组织决策效率等诸多方面存在差异（刘超和邢嘉宝，2020；王进富和张耀汀，2019）。因此，本书还从产权性质、两职合一、行业类型、高管海外背景等视角探讨了创业板上市公司融资渠道与创新投资之间关系的异质性结果，以提升研究结论的情境适用性。

第三节　研　究　意　义

在梳理已有文献研究的基础上，本书基于优序融资理论（又称啄食顺序理论，pecking order theory）、政府干预理论（government intervention theory）、信息不对称理论（asymmetric information theory）等，运用理论分析、逻辑演绎与实证分析相结合的方法，探讨了创业板上市公司融资渠道、融资约束、营商环境与创新投资之间的逻辑关系，具有较强的理论意义与实践价值。

一、理论意义

企业创新投资是一项复杂性、系统性、全局性的战略决策。在已有理论研究的基础上，本书将创业板上市公司的融资渠道、融资约束、营商环境与创新投资等进行整合研究，具有以下几个方面的理论价值：

第一，在资本市场取得了较快发展的现实背景下，支撑企业创新投资的资本来源更加多元化、复杂化、市场化。通过梳理已有文献发现，一些融资渠道对于创新投资影响的结论还存在较多争议，例如股权融资对创新投资的作用，既可能发挥促进作用，也可能发挥抑制作用（张岭，2020）；而财政补贴对创新投资存在"刺激效应""挤出效应"等观点（毛其淋和许家云，2015；吴伟伟和张天一，2021；项桂娥等，2021）。为此，本书基于信息不对称理论与政府干预理论，并结合已有的实证研究，提出了对应的竞争性假设。简言之，本书较为全面地研究了融资结构对企业创新投资的影响，探讨了创业板上市公司创新投资的关键前因，增加了创业企业不同融资渠道影响创新投资的理论知识。

第二，本书引入融资约束作为中介变量，考察融资结构对创业板上市公司创新投资的影响机制，丰富影响融资约束的前因内涵。融资约束程度是衡量企业资金成本的具体表征，代表了企业所面临的融资困境，而不同融资渠道，其资金获取方式与使用成本也存在一定差异，对企业战略投资活动的影响也有所不同（李真等，2022）。例如，霍尔（Hall，2002）的研究表明研发活动的高风险性、收益的不确定性、商业化的长周期性意味着企业的外源融资成本可能较高，而为了保证研发创新的持续性与稳定性，企业往往需要承担更高的融资成本，抬升了所面临的融资约束"门槛"，从而影响了企业的创新投资。因此，本书在明确融资约束产生的基础上，探讨融资约束的中介效应，揭示融资渠道影响创业板上市公司创新投资的中间机制。

第三，营商环境是企业外部治理的一个重要且特殊的领域，是提升企业投资效率、强化决策效用的关键（刘娟和唐加福，2022）。党的十八届三中全会以来，党和国家已经将优化营商环境作为经济发展的新方略，营商环境的相关话题成为了学术研究的热点内容（杜运周等，2022）。因此，本书通过分析作为企业赖以生存的土壤——营商环境对融资渠道与创业板上市公司创新投资之间关系的调节作用，丰富了对企业创新活动影响因素的研究视角，提升了研究的理论解释力，是对情境理论在创新创业研究领域的有益拓展。

二、实践意义

后疫情时期，面对错综复杂的国内外环境，我国经济遭遇了多重挑战，民间固定资产投资增速放缓，结构性变迁明显，就业压力较大。在此背景下，必须重视具备国际竞争力的核心技术、有助于解决痛点的新经济业态，其中的核心环节就是创业企业。作为规模相对较小、但创新性较强的创业板上市公司，为我国的技术创新发展、就业机会创造、产业升级转型、高质量增长等做出了不可替代的贡献（肇启伟，2021）。然而，也正是因为规模较小的弱点，创业板上市公司容易面临资金匮乏、融资困难的问题。本书通过研究融资渠道、融资约束、营商环境与创新投资等关键变量之间的逻辑关系，为我国创业板上市公司提高资本配置效率、优化内部融资结构以及政府主管部门采取更具针对性与精确性的干预政策提供了决策参考，同时也为我国在建设全国统一大市场的现实背景下优化营商环境、提高市场化水平、强化技术创新能力提供实证依据，最终服务于我国经济高质量增长的现实需要（杜运周等，2022）。具体而言，本书的研究具有以下的实践价值：

第一，本书的研究发现有助于准确识别不同融资渠道在创新投资中的差异化作用，优化创业板上市公司的融资结构，提升创新创业能力，服务于全国统一大市场建设的需要。作为市场活动的关键主体、营商环境的重要建设者，企业是全国统一大市场建设的主力军，是双循环新发展格局构建的内在驱动力，更是实现经济高质量增长的核心力量（徐礼伯和沈坤荣，2022）。而创业板上市公司又在创新能力、市场活跃度、潜在成长性等诸多方面具有得天独厚的优势，因此创业板上市公司是否拥有健康均衡的融资结构、稳定多元的融资渠道，将有助于平衡资金的使用领域与效率，增强创新投资，创造更具前沿性、更具竞争力的技术，并在推动全国统一大市场建设、国内国际双循环新格局构建等诸多方面发挥重要作用。

第二，在推动经济高质量发展的现实情境下，2022 年的《政府工作报告》明确指出"要防范化解重大风险""牢牢守住不发生系统性风险的底线"，关键在于建设透明的信息环境、弱化信息不对称的威胁、促进资本市场的健康发展。考虑到相比于成熟企业或大企业集团，创业板上市公司在组织规模、制度合法性、产业嵌入程度、市场声誉、顾客认可度等诸多方面也存在相对劣势，信息不对称现象比较突出，资金的获取成本较高，容易遭遇融资约束困境（李文贵和路军，2022；项桂娥等，2021；严若森等，2020）。为此，本书通过分析融资约束在融资渠道与创新投资之间所扮演的角色，为创业板上市公司在复杂多变的资本市场下合理配置资金、制定相应对策提供了决策参考与微观证据。

第三，不同于西方资本主义市场经济的基本逻辑，我国在强调平等、民族共同体和社会稳定的国家逻辑基础之上，鼓励效率、竞争和产权，处理好市场与政府之间的关系，保证市场在资源配置中的主导性作用与政府在市场机制运行中的干预作用，从而实现社会主义市场经济的内涵优势。2022 年 4 月 10 日，中共中央、国务院发布《关于加快建设全国统一大市场的意见》，指出要加快建立全国统一的市场制度规则，打破地方保护和市场分割，致力于构建高效规范、公平竞争、充分开放的全国统一大市场。然而，当前我国营商环境优劣不等所带来的市场化水平、法治化水平与政府治理水平参差不齐，地区性的"小市场"与"小循环"妨碍了要素流通与资源配置，导致不同地区的创业板上市公司融资渠道对创新投资的影响存在差异。在承认营商环境存在异质性的现实情境下，本书为创业板上市公司提高融资资金的配置效率、政府主管部门制定差异化的财税政策提供决策依据，进而解决市场失灵所带来的资源错配问题。

第四节　研 究 方 法

基于前述的研究问题，为了实现研究的理论意义与实践价值，本书采用了归纳分析、理论演绎、实证检验、政策抽象与专家访谈等相结合的方法，探讨了融资渠道、融资约束、营商环境与企业创新投资的逻辑关系。

一、归纳分析法

通过对国内外文献数据库（如 Sciencedirect、SpingerLink、Emerald、ProQuest 以及知网、万方、维普等），采用主题、关键词、摘要等的多轮次检索，对符合本书研究需要的文献进行搜集、鉴别、归类、整理、分析，系统梳理研究所涉及的融资渠道、融资约束、营商环境、创新投资、创业板上市公司等关键概念，准确把握相关概念的内涵与本质，加强对创业板上市公司研发活动与创新投资的系统研习，寻求本书主题可进展的研究空间。

二、理论演绎法

在对已有文献进行系统梳理的基础上，结合优序融资理论、政府干预理论、信息不对称理论等，考虑我国创业板上市公司的现实情境，对融资渠道、融资约束、营商环境、创新投资等涉及的一系列关键问题进行剖析。具体而言，第一，构建"融资渠道—融资约束—创新投资"的分析思路，探究关键变量的内在逻辑关系，并提出对应的若干假设。即，不同融资渠道的选择对创业板上市公司创新投资的可能影响是否存在差异？融资约束在不同融资渠道与创新投资之间的中介作用是否存在？第二，考虑我国地理空间跨度大、经济发展水平参差不齐、资源禀赋差异较大，为此纳入营商环境这一情境变量，并重点围绕市场化水平、法治化水平与政府治理水平三个反映营商环境优劣程度的关键维度，考察其在不同融资渠道与创新投资之间的调节作用，提升研究结论的情境适用性与理论解释力。

三、实证检验法

首先，参照已有的文献，结合研究情境，对本书涉及的融资渠道、融资约束、营商环境、创新投资等核心变量以及控制变量进行操作化定义，并确定具体的度量方法。其次，通过国泰安（CSMAR）、Wind、CNRDS 等数据库或相应公司官网收集研究所需要的样本与数据，并进行必要的处理与整理，构建相应的理论分析模型。而营商环境的衡量基于王小鲁等主编的《中国分省企业经营环境指数 2020 年报告》，选择了最具代表性的市场化水平、法治化水平与政府治理水平，并对缺失年份的数据采用加权平均的方法进行计算与补充。最后，利用 Stata、SPSS 等统计分析软件，分别进行描述性分析、相关性分析、双向固定效应分析、稳健性检验、异质性检验等，探究不同融资渠道的选择对创业板上市公司创新投资的影响，验证假设是否成立。

四、政策抽象法

在上述实证分析的基础上，为创业板上市公司如何获取稳定可靠的融资来源、明确不同融资渠道对创新投资的差异性作用、针对性地弱化融资约束程度、有效解决融资成本较高的问题、保障创新投资力度、进而发展战略竞争优势提供相应的政策建议。同时，为政府主管部门制定更具针对性、更加精细化的财政补贴政策或税收优惠措施提供一定的微观证据。

五、专家咨询法

为了增强研究可行性、提高研究质量，本书邀请了国内外专家对研究思路、研究内容、研究框架、研究方法、理论分析、实证检验、政策归纳等各个环节进行了针对性的指导，收获了颇多极具价值的意见与建议。如河海大学黄永春教授从研究的总体架构、研究方法的应用等方面提出了一些修改完善意见；中国药科大学庄倩副教授建议综合已有的研究结论，针对有争议的变量之间关系提出竞争性假设；南京审计大学徐礼伯教授就论文的逻辑结构安排提出了一些针对性的修改意见；由于诸多国家的经验表明政府干预是新兴产业必不可少的条件，韩国仁荷大学孙东源（Dongwon Sohn）教授建议在传统内源融资与外源融资的基础上，考虑政府干预如（财政补贴与税收优惠）对创新投资的直接作用；韩国信韩大学金永吉（Yeonggil Kim）教授在稳健性检验方面提出了一些见解。

第五节　主要创新点

在相关研究方法支撑的基础上，本书可能的创新点主要包括以下几个方面：

第一，在研究内容上，建立了一个较为全面的创业板上市公司融资结构分析框架，综合考量了多种融资渠道来源，系统地分析了创业板上市公司不同融资渠道（内源融资、债务融资、股权融资、财政补贴与税收优惠）对创新投资的影响，并结合研究结果，指出优序融资理论并不符合创业板上市公司创新投资的融资偏好。

第二，与主板或中小板不同，创业板上市公司大多处于初创期或早期成长期，虽然成长性较好，但公司战略多变、经营活动不确定性因素较多，市场主要是采用估值方法（如现金流贴现、期权定价、市盈率法）等确定其市场价值，并不能准确度量其真实价值，导致融资约束问题比较突出（肇启伟，2021）。同时，创业板上市公司的信息不对称问题比较突出，进一步加重了融资约束程度。因此，本书引入融资约束，探究不同融资渠道影响创业板上市公司创新投资的作用机制，揭示了创业板上市公司如何破解创新过程中面临的融资成本较高的困境。

第三，我国地理区域跨度大，不同地区的市场化水平、法治化水平、政府治理水平等诸多方面均存在较大差异，即营商环境优劣有别，导致资源配置的精确性、效率性与效益性也有所不同（王小鲁等，2020）。虽然在我国经济转型的关键时期，营商环境已经成为了学术界研究中国经济问题的重要切入点，但是相关文献鲜有将其与创业板上市公司创新投资相结合，影响了理论的解释力（许为宾等，2018）。而不同地区营商环境可能导致融资结构与创新投资之间的关系存在波动，即市场在资源配置中的作用存在差异性。为此，本书引入了营商环境概念，揭示了其对主效应的调节作用。

第四，研究视角更加多元化。本书从产权性质（有无国有持股）、治理结构（是否两职合一）、行业类型（是否为制造业）、高管特征（高管有无海外背景）等视角，分析与对比了融资渠道与创新投资之间逻辑关系的异质性，丰富了剖析创业板上市公司创新融资行为的情境因素，提升了理论研究的解释力。

第六节 研究技术路线

本书的研究技术路线如图 1-2 所示：

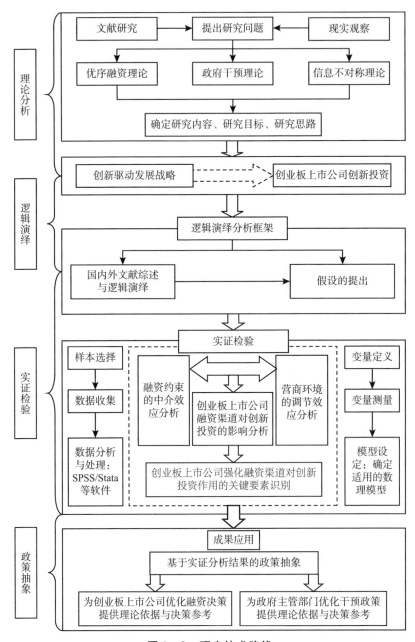

图 1-2　研究技术路线

　　根据研究技术路线图，本书的结构如下：第一章"绪论"，介绍了研究背景、研究意义、研究方法、技术路线图等内容，提高研究的科学性与严谨性，并对全书起到统领性作用；第二章"相关概念界定与理论基础"，对本书涉及的融资渠道、融资约束、营商环境、创新投资、创业板上市公司等重要概念进行定义，并阐释优序融资理论、政府干预理论、信息不对称理论等的内涵，为假设提出与实证检验奠定理论基础；第三章"文献回顾与假设提出"，在相关理论分析的基础上，结合已有的国内外文献研究，提出若干个关于创业板上市公司融资渠道、融资约束、营商环境与创新投资之间关系的假设；第四章"研究设计"，论述了数据来源、变量定义、变量测量与模型设定等内容；第五章"假设检验与实证分析"，利用 SPSS、Stata 分析软件进行描述性分析、相关分析、假设检验、稳健性检验等；第六章"异质性检验"，探讨第五章的主要研究结果是否因产权性质（有无国有持股）、治理结构（是否两职合一）、行业性质（是否为制造业）、高管特征（高管有无海外背景）而存在差异；第七章"结论与讨论"，论述本书的主要发现、管理启发、理论价值、研究不足与未来展望。

第二章

相关概念界定与理论基础

　　根据第一章提出的研究问题与分析思路，本章对研究涉及的关键概念（如创新投资、融资渠道、融资约束、营商环境、创业板及其上市公司等）、理论基础（优序融资理论、政府干预理论、信息不对称理论等）进行梳理，为下一章的文献综述与假设提出提供理论支撑与逻辑基础。

第一节　相关概念界定

一、创新投资概念与特征

1. 创新投资的概念

　　在知识经济时代，创新投资是实现创新型国家建设、推动经济高质量增长的有效保障（吴伟伟和张天一，2021）。尤其是，近年来欧美发达国家的逆全球化政策频出、对华技术封锁伎俩愈演愈烈、疫情催生了各行各业对新技术的需求，从企业竞争、产业竞争到国家竞争，无不突出了创新投资在发展前沿技术、培育战略竞争优势、经济高质量增长中的重要性（徐礼伯和沈坤荣，2022）。联合国教科文组织（UNESCO）将创新投资定义为"在科学技术领域，人类为了增加知识总量并且运用这些新知识进行应用的创造性活动，包括基础研究、应用研究与实验发展三方面"。具体而言：（1）基础研究不以任何特定的应用与使用为目的，主要通过实验性或理论性的分析探索，获取现象和可观察事实基本原理的新知识，揭示客观事物的内在本质或运动规律，提高知识原创性、积累智力资本，建立新学说、获取新发现，为应用研究的开展奠定必要的理论基础；（2）应用研究旨在针对某一特定的需求，确定基础研究成果的可能用途，发现基础研究的实现路径与方法，从而达到预定的目标；（3）实验发展是一种系统性的工作，利用从基础研究、应用研究和实际经验所获得的已有知识，产生新的产品、材料和装置，建立新的工艺、系统和服务，以及对已产生的上述各项成果进行实质性的改进。作为研发活动的重要内容，创新投资是统计年度内全社会实际用于基础研究、应用研究与实验发展的经费支出总和，包括所发生的人员劳务费、原材料费、固定资产购建费、管理费及其他费用支出等。作为市场活动的关键参与主体，企业是开展研发活动、进行创新投资的主力军（杜建华和徐璐，2019）。《中国会计准则》指出企业的创新投资是企业为获得科学与技术（不包括人文领域、社会科学）新知识，创造性运用已有知识，或实质性改进技术、产品（服务）而持续进行的具有明确目标的活动。在会计原则中，创新投资包括资本化投入和费用化投入两个部分。

由此可见，与旨在获取短期收益的一般性投资有着本质区别，创新投资是为了获取前瞻性知识、发展前沿技术成果、提高市场影响力、获取核心竞争力和追求长期价值增值的一种科学投入，是公司高层管理者需要认真决策的一项战略性活动。从企业的角度来说，创新投资为开发新技术、新产品、新流程或者设计新商业模式提供了必要的支撑，是获得战略竞争力的关键路径（Giebel and Kraft，2019；项桂娥等，2021）。因此，创新投资是衡量企业在创新活动中投入水平的重要指标，涵盖了研发所需的产品、技术、设备、人员、工艺等各种支出（毛其淋和许家云，2015）。鉴于以上分析，本书对创业板上市公司的创新投资定义为：创业企业为了发展前沿科技、获得核心竞争优势，以获取经济价值为最终目的，运用已有技术和知识，以研发活动为对象而发生的资本化投入。

2. 创新投资的特征

作为一项关系企业核心竞争优势培育的战略性活动，创新投资具有以下特征：

第一，创新投资具有高调整成本特征，这是创新投资最典型的属性（严若森等，2020）。在研发活动中，针对研发人员的人力投资（包括工资、奖金、培训费等相关费用投资）是非常重要的成本支出。具体而言，创新投资的高调整成本主要体现在两方面：一方面，不同于可以客观展现在线上线下媒介如书籍、报告和计算机中的显性知识，隐性知识（tacit knowledge）大多内嵌在研发人员的头脑中、内化为研发人员的能力。研发创新从所使用的知识、技能到研发过程新增的知识主要为隐性知识，具有难以储存、晦涩隐匿、无法解释等特征（魏彦杰等，2021；肖振红等，2021）。如果解雇研发人员可能造成研发内容与商业机密外泄的风险，导致研发活动难以达到预期目标，无法在技术、产品或流程等方面建立先行者优势。尤其是，当拥有专业知识的关键员工离职时，组织很容易失去对研发创新活动极为关键的隐性知识。另一方面是由于人才需求产生的招聘成本，解聘研发人员短期内能够削减成本支出，但是从长远来看，一旦项目需要研发人才，必定会产生额外的招聘、培训、考核等支出，大幅度提高了研发成本（翟光宇和王瑶，2022）。此外，如果人才不具备岗位胜任力，企业将面临人才招聘失败的风险。基于上述原因，创新投资的调整成本相对较高，意味着企业必须拥有稳定充裕的资金支持，以保证研发活动的持续性与稳定性。

第二，创新投资具有明显的信息不对称特征（Lemmon and Zender，2019；夏清华和何丹，2020）。研发活动固有的高风险性决定了稀缺性信息在决策中的价值及作用，而创新投资的信息不对称主要表现在两个方面：一方面，对于研发人员而言，为了避免竞争对手抄袭模仿、跟随学习或者采取对抗策略，影响企业培育战略竞争优势，应当对研发相关信息高度保密；另一方面，企业也不会对外界披露过多的信息，外界投资者无法获知企业研发活动的全部信息，产生了比较高的信息沟通壁垒与成本。因此，企业想获取外源融资支持，一般需要满足投资者高投资回报的要求，意味着企业外部融资成本相对较高，容易遭遇融资约束困境（李莉等，2015）。

第三，研发创新强调团队合作。研发创新并不是"单打独斗""单枪匹马"，创意的产生、机会的识别、技术的开发等创新过程对知识复杂性与综合性的要求远远超过了单个个体的知识储备与能力边界。而随着机器人、区块链、人工智能、虚拟现实、人机交互等各种新技术深入影响社会经济生活的诸多方面，知识在企业研发创新与战略竞争力培育中的重要性愈加明显（徐礼伯和沈坤荣，2022）。因此，研发团队成员之间应当对彼此的知识或者专长进行理解、学习、吸收、转化、再造，从而满足技术创新与产品开发的需要（李巍等，2022）。尤其是在全球政治经济形势突变、市场不确定性增加、企业竞争更加激烈的现实情境下，研发团队既需要通过协同合作，整合现有市场知识或技术能力满足当前的顾客需求，又要通过共同开展探索性创新挖掘新市场需求或培育潜在市场顾客，以实现可持续发展，即研发活动对于团队的依赖性尤其大（Ma et al.，2022）。

第四，创新投资活动难以"立竿见影"，具有较长周期性与收益滞后性（池仁勇等，2021）。这是因为研发创新活动是一个持续、动态、不断调整、不断升级的过程。在这个过程中，从前期的基础设施建设、人员选拔培训、项目选取，到中期研发项目的运行与改善、最后的技术评估或产品测评，需要不断循环与重复试验，直到研发产品最终实现商业化，获得市场的认可，整个研发周期才算真正完成。简言之，与一般性的经营活动相比，这一复杂过程需要耗费大量的时间和资金，"试错"的成本较高，因此要求管理层与投资人对失败具有较高的容忍度，并且能够在失败中不断学习提升创新创业能力（Adomako et al.，2018）。

第五，创新成果具有不确定性（毛其淋和许家云，2015）。这主要是指研发创新活动的收益具有不确定性，创新项目成功与否的最终决定者是顾客，也就是取决于市场的反应。一般而言，研发创新呈现两种可能的结果：第一种，基于创新成果的产品最终得到消费者认可，市场反响良好，企业可以收回研发成本并且获得收益，进而支撑企业开展新的研发创新活动，形成创新驱动的良性循环发展；第二种，研发成果偏离了市场需求，不被消费者认可，即研发产品无法产生市场价值，意味着研发活动的失败、研发资金的损耗，还可能打击员工的士气，造成关键人才流失。除此之外，研发活动成果具有很强的技术导向与知识导向，表现出明显的外溢性，容易被竞争者模仿，因此可能导致企业的研发动机不足。

第六，研发创新的产品具有抵押有限性。在市场经济机制下，从资本市场筹集资金的银行、证券、保险等金融机构对企业的战略活动至关重要（蔡贵龙等，2022）。然而，作为一种战略投资活动，创新投资所形成的资产价值具有较高的不确定性，导致抵押物价值被低估，无法从金融机构获取充足的研发资金。同时，银行出于职业审慎与风险防范的需要，会优先选择发展势头良好，尤其是拥有突出优势的企业。相比于成熟企业，创业板上市公司的资源禀赋较为薄弱、治理结构不尽完善、组织合法性相对不足、创业失败率高，由此带来的融资约束问题更为严重。尤其是对于缺乏资产抵押的创业型企业，其与金融机构之间存在更严重的信息不对称，导致其更可能转向商业信用、民间借贷等非正常融资渠道获得资金支持，进一步抬高了融资成本，限制了企业的发展可持续性（项桂娥等，2021）。

综上，鉴于创新投资的高调整成本、高风险性、长周期性、收益不确定性、抵押有限性等诸多特征，要保障研发创新的顺利进行、实现更具竞争力的创新产出、培育战略竞争优势，创业板上市公司必须致力于拓宽融资渠道，获得充足、稳定、持续的资金支持，不断提升创新投资强度与效率（张一林等，2016）。

二、创新投资的融资渠道

融资渠道是指企业获得资金支持的路径来源，而综合考量、合理利用多种融资方式是实现均衡发展的关键之举（董孝伍，2018；Lemmon and Zender，2019）。在我国创新驱动发展的现实情境下，创新已经成为了行业实践者与政策制定者关注的重点，拓宽融资渠道、丰富资金来源是实现高强度创新投资、获取前沿创新成果的必要前提。一般来说，创新投资的融资渠道包含企业自筹（内源融资与外源融资）与政府扶持。其中，外源融资又可以细分为债务融资与股权融资，而政府扶持主要包括财政补贴与税收优惠。

1. 内源融资

内源融资是指公司依靠经营活动而产生的内部资金，主要包括留存收益、计提折旧、定额负债等（Colombo et al.，2013；孔令学等，2016）。内源融资有效地支撑了企业不断地将内部资金转化为投资的过程，是企业实现可持续发展必不可少的资金源泉。一般来说，内源融资具有以下特点：（1）内源融资主要依靠企业内部的自有资金，在使用上一般只需要符合内部的相关规定，较少受到外界的限制与影响，自主性与灵活性较强、使用效率也比较高；（2）相比于外源融资需要支付会计师费用、审计师费用、律师费用、券商费用等，内源融资一般无须支付额外费用，资金的使用成本更低、财务风险更小；（3）内源融资不会稀释原有股东的控制权和每股收益，有助于最大限度地保障原有出资人的权益，还可以增加公司的净资产，因此颇受早期投资人的支持；（4）但内源融资受到公司自身的盈利能力影响较大，如果公司盈利状况不良、内源融资能力较差，难以产生足够的内部资金，将会严重制约包括创新投资在内的各种经营活动（李汇东等，2013）。

2. 债务融资

债务融资包括债券融资、民间贷款、企业信用以及银行贷款等。在金融体系较为完善的市场经济机制下，多层级的金融机构为企业提供了较为充裕的债务资金（张璇等，2019）。一般而言，债务融资具有以下特征：第一，债务融资具有财务杠杆效应，资金成本相对较低，例如债券融资的利息可以税前列支，具有一定的抵税作用，在某种程度上有助于缓和企业的资金支出压力。假设 A 企业属于国家需要重点扶持的高新技术企业[①]，依照《中华人民共和国企业所得税法》《国家税务总局关于实施高新技术企业所得税优惠有关问题的通知》《国家税务总局关于实施高新技术企业所得税优惠政策有关问题的公告》《国家税务总局关于发布修订后的（企业所得税优惠政策事项办理办法）的公告》等相关规定，可以减按15%的税率征收企业所得税。如果该企业息税前利润为100万元，在没有产生借款利息之时，应该缴纳所得税为100万×15% = 15万元；如果该企业产生了20万元的借款利息，则利润总额为100万 - 20万 = 80万元，那么应缴纳所得税为80万×15% = 12万元。简言之，由于A企业支付了20万元的借款利息，导致少缴纳了3万元（20万×15% = 3万元）的所得税，这就是债务融资的抵税作用（De Rassenfosse and Fischer, 2016）。第二，债务融资的范围广，在符合相关法律法规与政策规定的前提下，有资金需求的企业既可以向银行或非银行金融机构借款，也可以向其他法人单位、部门或者个人筹集资金（刘博，2016）。第三，债务融资往往需要具有实际价值的抵押品，例如土地、建筑物、生产设备等，一旦出现借款纠纷或者诉讼，将会影响企业正常的经营活动。第四，债务融资的财

---

① 根据我国相关法律法规，高新技术企业是指在《国家重点支持的高新技术领域》范畴内，持续进行研究创新与技术成果转化，形成企业核心自主知识产权，并以此为基础开展经营活动，在中国境内（不包括香港、澳门、台湾地区）注册的居民企业。一般需要具备以下条件：第一，要经过各省（自治区、直辖市、计划单列市）科技行政管理部门同本级财政部门、税务部门组成的高新技术企业认定管理机构的认定；第二，企业申请认定时须注册成立一年以上；第三，企业通过自主研发、受让、受赠、并购等方式，获得对其主要产品（服务）在技术上发挥核心支持作用的知识产权的所有权；第四，企业主要产品（服务）发挥核心支持作用的技术属于《国家重点支持的高新技术领域》规定范围；第五，企业从事研发和相关技术创新活动的科技人员占企业当年职工总数的比例不低于10%；第六，企业近三个会计年度（实际经营期不满三年的按实际经营时间计算）的研究开发费用总额占同期销售收入总额的比例符合相应要求；第七，近一年高新技术产品（服务）收入占企业同期总收入的比例不低于60%；第八，企业创新能力评价应达到相关要求；第九，企业申请认定前一年内未发生重大安全、重大质量事故或严重环境违法行为。

务风险相对较大，除了需要到期偿还本金，还要承担相应的利息，当企业经营出现困难、资金周转不畅之时，容易导致整个企业陷入财务困境，影响本金的偿还与利息的给付（Boubaker et al.，2018）。第五，债务融资的限制性条款或者交叉违约条款较多。由于不直接参与企业的日常经营活动，债权人往往处于信息相对劣势的一方，信息不对称现象较为明显（陈良华等，2019）。为了保障自身的合法权益，债权人一般会在债务融资合同中加入各种限制性条款或者交叉违约条款，规定了债务融资资金的用途、对违约情形做了严格的设置，影响了企业管理者对资金的支配权，极大地抑制了资金使用的灵活性。尤其是考虑到研发活动的失败率较高、收益存在较大不确定性，一些债权人为了保障自身权益往往限制企业将债务融资资金用于创新投资（Lemmon and Zender，2019）。

3. 股权融资

股权融资是通过再次增发股份、稀释股权而获取外部的资金支持，是企业进行资本运作的重要方式，是企业估值与市场影响力的风向标（张岭，2020；张一林等，2016）。一般而言，股权融资具有以下优点：第一，股权融资的资金不需要在正常运营期间偿还，企业无须像债务融资一样承担还本付息的财务风险，资金使用期限较长。第二，相比于债务融资的资金，股权融资资金的限制相对较少，管理层对资金的使用与支配具有较强的灵活性、自主性。第三，股权融资资金是股份制企业最基础的资本，反映了公司的资本实力，是与外部利益相关者开展竞合博弈的信誉基础（李文贵和路军，2022）。然而，股权融资也存在一些缺点：第一，资金成本相对较高，且引入新的投资者或者出售股票容易导致企业股权被稀释、控制权被削弱，出现管理层短视等管理机会主义行为，进而影响研发与创新决策（Vismara，2018）。第二，相比于债务融资，通过股权所获得的分红和股息不具有抵扣所得税的功能（Drover，2017）。第三，企业与股东在信息沟通、信息披露等方面需要承担较高的成本，且大股东对企业的经营管理与决策有较大的影响力，存在影响中小股东权益与战略决策效率的风险（Kraft et al.，2018）。第四，如果企业的股权退出机制（IPO退出、并购退出、股转退出、回购退出以及清算退出等）不清晰，容易造成公司的治理结构混乱，产生不必要的法律纠纷，影响企业日常的经营活动（肇启伟，2021）。

4. 政府干预

在不完全竞争市场条件下，信息不对称与"市场失灵"可能导致资源配置效率与精确性低下，这就要求政府运用"有形的手"发挥宏观经济调控职能，纠偏市场运行轨道，提高经济运行的效率（吴伟伟和张天一，2021）。一般而言，财政补贴与税收优惠是政府干预企业研发活动的常见形式，由于二者具有无偿性、普惠性、低成本等优点，已经成为创业企业与新兴产业开展研发活动的重要资金来源（Colombo et al.，2013；江笑云等，2019）。在政策层面上，科技部、财政部与国家税务总局在2008年与2016年先后两次对《高新技术企业认定管理办法》进行了修订，以加大对科技型企业的政策扶持力度，推动大众创业、万众创新，培育创造新技术、发展新业态和提供新供给的生力军。2016年修订后的管理办法确定了国家重点支持的八大高新技术领域：①电子信息；②生物与医药；③航空航天；④新材料；⑤高新技术服务；⑥新能源与节能；⑦资源与环境；⑧先进制造与自动化。这些相关的政策为聚焦于前沿科技的创业板上市公司提供了有力的制度保障，丰富了企业的创新投资资金来源，有效提升了企业的创新创业能力。然而，政府干预是否有利于企业的创新投资活动，是学术界与实践界一直争论的话题。本书通过梳理已有研究文献，发现政府干预与企业研发活动之间关系的结论主要有两种：一是政府干预的"刺激作用"（保护性作用），二是"挤出作用"（掠夺性作用）。

1）财政补贴

财政补贴是中央政府或者地方政府为了实现特定的政治经济目标，由财政安排专项资金向企业或者个人所提供的一种转移性支出，包括价格补贴、亏损补贴、研发补贴、利息补贴等各种类型（卫舒羽和肖鹏，2021；Yin，2019）。财政补贴主要有两种类型：第一种是创新基金，即国家通过财政为公共技术服务机构及企业的创新活动提供资金补贴；第二种是各种政策引导计划，主要是指国家针对参与重大项目、服务国家战略需求的企业等主体提供的财政补贴，如"国家火炬计划（China Torch Program）""国家重大科技专项（National Science and Technology Major Project）"等。考虑研究对象的特定性，本书所涉及的财政补贴对象仅限于企业。按照补贴发放的时间节点划分，我国针对企业的财政补贴包括事前补贴与事后补贴。事前补贴（subsidies beforehand），是指政府主管部门在企业新产品或者新技术项目研发开展前所提供的财政资金支持。企业通过申请，政府对企业的项目投入、基地建设、人才培养等前期准备和研发过程中所涉及的费用给予资金帮扶，从而增加企业可使用的资金。事后补贴（subsidies afterward）是指政府向相关活动通过了考核或者评估的企业提供财政资金支持，这就要求企业先行筹措资金以满足经营需要。总体而言，财政补贴被认为有助于调节市场的供求平衡、推动市场资源的优化配置、促进产业结构的升级转型（柳光强，2016；梅冰菁和罗剑朝，2020）。然而，财政补贴也可能带来一些弊端，例如导致价格与价值偏离长期化、无法真实反映企业的业绩表现、加重政府的财政负担、增加系统性金融风险发生的可能性等。

2）税收优惠

作为经济合作与发展组织（OECD）成员国家普遍采用的支持企业技术创新的干预政策之一，税收优惠是指政府主管部门依据国家相关的法律法规，设计、采取与现行税收制结构不同的税收制度，对符合相关要求的企业等特定课税对象给予减轻或者减免税收负担的一种措施（徐建斌和彭瑞娟，2022）。税收优惠所涵盖的范围比较宽泛，通常的形式包括但不仅限于税收减免、税收减让、税收折扣、延期纳税、加速折旧、特别税率减免、设备免税购置等。我国从20世纪90年代开始实行高新技术企业认定方法，对于获得资格认定的企业给予15%的企业所得税优惠税率等激励措施，刺激企业积极增加创新投资经费、获取前瞻性知识、提升技术创新能力。本书所强调的税收优惠仅限于企业进行创新投资可获取相应的税收减免与抵扣，属于较为常见的研发激励策略。企业将本应上缴财政的部分资金留存作为研发经费，用于开展科学研究与技术创新活动。对于创业板上市公司而言，税收优惠有效地降低了企业的资金负担，变相地增加了可用于研发活动的资金（白旭云等，2019）。为此，一些学者建议采取税收优惠措施补偿创新投资的市场外部性（柳光强，2016）。

三、融资约束

在当前我国经济转型的情境下，金融市场发展还不够成熟、资本运转还不够高效、政府与市场的关系还不够清晰，导致企业借贷成本与外部融资溢价差异明显，形成了比较明显的融资约束困境，从而影响了企业的相关战略决策与经营活动（Giebel and Kraft，2019；江笑云等，2019；许慧等，2021）。因此，融资约束是制约我国创新投资与技术进步的关键因素（司海平等，2021）。

1. 融资约束的定义与测度

在完美的资本市场假设下，企业的各种融资方式可以完全替代，投资行为与融资渠道无关，只与资金需求量有关。然而，现实中并不存在真正意义上的完美资本市场（Nikolov et al.，1984）。法扎里等人（Fazzari et al.，1988）提出了投资活动的融资约束，认为信息不对称与委托代理问题导致了企业必须面临融资约束困境。首先，为了防止商业机密泄露、防止竞争对手采取应对措施，企业在进行研发活动时往往不愿意向外部投资者过多透露研发的相关信息，明显的信息不对称问题导致外部投资者难以判断研发项目的潜在价值与未来收益，影响了外部投资者的投资热情，提升了融资成本（Kleer，2010）。其次，研发活动的产出成果（主要是专利）一般是无形资产，短时间内难以"立竿见影"，外部投资者很难评估研发活动的优劣，因此会要求很高的风险溢价，增加创新的外部融资成本，导致了企业的融资约束（Campello et al.，2010）。因此，融资约束包含两层含义：一是企业的外部融资成本高于内部融资成本；二是企业融资困难，有回报潜力的投资因为资金匮乏达不到最优水平，最终无法实现预期目标（Bernini and Montagnoli,，2017）。

考虑到融资约束是一个较为抽象的概念，难以直接量化测度，学者们一般使用代理变量识别、衡量企业所面临的融资约束程度。目前，国内外学术界关于企业融资约束的衡量方法比较多，常用的测度方法主要有投资—现金流敏感度法（Fazzari et al.，1988）、KZ指数法（Kaplan and Zingales，1997，2000；孙咏梅等，2022）、WW指数法（Whited and Wu，2006；严若森等，2020）和SA指数法（Hadlock and Pierce，2010；余长林和池菊香，2021；于文超等，2018；张璇等，2019）。需要指出的是，使用这些方法测算出的指数是相对融资约束程度，而非绝对融资约束程度。

1）投资—现金流敏感度法

信息不对称和代理问题产生了比较高的信息成本与代理成本，增加了公司对外融资的成本负担，进而影响了投资决策，这说明企业日常的投资运营活动对内部的现金流依赖度比较大。投资—现金流敏感度法是指按照某些先验指标（如公司规模、股利支付率等）将公司划分为融资约束组与非融资约束组。例如，法扎里等（1988）基于美国1970~1984年四百余家制造业上市公司的数据，分析表明企业的投资—现金流敏感性越低，说明企业所受的融资约束程度也越低。然而，一些学者认为投资—现金敏感性与融资约束之间存在负向关系，这是由于为了应对可能的经营风险，企业会持有更多数量的现金、更自由的现金流，具有更高的投资—现金流敏感性，从而减少了对外部资金的依赖程度，融资约束程度也相应地降低（李善民和杨若明，2022）。例如，姜秀珍等（2003）的研究表明，相比于小规模公司，大规模公司的当前现金流与投资机会决定了投资需求，导致投资—现金敏感性要更高，但其面临更少的信息不对称问题，管理层代理成本与交易成本更低，融资约束程度更低。简言之，学术界对于投资—现金敏感性与融资约束之间的关系仍然存在较多争议。产生这种争议的可能原因是我国股票市场有效性较为缺乏，使得诸如托宾Q值等指标的估算存在比较严重的衡量偏误（连玉君和程建，2007）。

2）KZ指数法

Kaplan and Zingales（1997）构建的KZ指数，采用有序逻辑回归方法对公司财务报表中的现金流、总资产、资产负债率、股利支付率、托宾Q值等进行分析，计算得出了融资约束程度，公式（2.1）如下所示，

$$KZ_{i,t} = -1.002 \times CF_{i,t} + 0.283 \times Q_{i,t} + 3.139 \times Lev_{i,t}$$

$$-39.368 \times \text{Div}_{i,t} - 1.315 \times \text{CH}_{i,t} \qquad (2.1)$$

其中，i 和 t 分别代表第 i 家企业和第 t 年份；CF 为企业自由现金流与总资产的比值，Q 为托宾 Q 值，Lev 为资产负债率（通过"期末总负债/期末资产总额"进行衡量），Div 为股利支付率，CH 为现金持有量与总资产的比值。

KZ 指数越高，代表该公司的融资约束程度越高。然而，由于 KZ 指数与托宾 Q 值高度关联，而托宾 Q 值本身存在比较严重的测量偏差，导致模型中所有变量的参数估计都是有偏的（此时参数估计通常会非常接近于"0"），从而影响统计推断的有效性与融资约束衡量的稳健性。

3）WW 指数法

考虑到 KZ 指数中代表投资机会的托宾 Q 值通常存在比较大的测量误差，在对欧拉投资等式的估计基础上，Whited and Wu (2006) 使用现金流、支付股利、资产负债率、公司规模、行业收入增长率与企业收入增长率六个指标，构建了用于衡量公司外部融资约束程度的 WW 指数。该指数的特点在于既考虑了企业自身的财务特征状况，又纳入了企业外部行业特征，且剔除了容易产生测量有偏的托宾 Q 值，具有更强的经济意义。WW 指数计算公式如 (2.2) 所示：

$$\text{WW}_{i,t} = -0.091 \times \text{CF}_{i,t} - 0.062 \times \text{DDiv} - 0.021 \times \text{Lev}_{i,t}$$
$$-0.044 \times \text{Size}_{i,t} + 0.102 \times \text{ISG}_{i,t} - 0.035 \times \text{SG}_{i,t}$$

$$(2.2)$$

其中，i 和 t 分别代表第 i 家企业和第 t 年份；CF 是企业自由现金流与总资产的比值；DDiv 是支付股利的虚拟变量（如果支付股利，取值为"1"，否则为"0"）；Lev 为资产负债率（通过"期末总负债/期末资产总额"进行衡量）；Size 为公司的规模，一般取企业期末资产总额（单位一般为"百万元"）的对数；ISG 为行业收入增长率；SG 为企业收入增长率。WW 指数绝对值越大，企业的融资约束程度越高。

　　4）SA 指数法

　　前述几个测度方法存在一个共性缺点，即包含了较多与融资约束程度互相影响的内生变量（如现金流与财务杠杆），影响了融资约束衡量的准确性。为了避免受到内生变量的干扰，哈德洛克和皮尔斯（Hadlock and Pierce，2010）参照 KZ 指数法，依据企业财务报告划分融资约束的类型，然后仅使用外生性较强的企业规模（Size）与企业年龄（Age）构建了 SA 指数计算公式，用于测度融资约束程度，如式（2.3）所示：

$$SA_{i,t} = -0.737 \times Size_{i,t} + 0.043 \times Size_{i,t}^2 - 0.04 \times Age_{i,t} \quad (2.3)$$

　　其中，i 和 t 分别代表第 i 家企业和第 t 年份；SA 代表企业所面临的融资约束程度，SA 取值为负，其绝对值越大，说明企业的融资约束程度越大；Size 为公司的规模，取企业期末资产总额（单位一般为"百万元"）的对数；Age 则为企业成立的时间年限（样本企业观测年度减去成立年度）。

2. 融资约束的影响因素

　　根据 SA 计算公式，相比于大企业或者成熟企业，中小企业和创业型企业在发展过程中必然面临更严峻的融资约束困境。学术界针对企业的融资约束问题已经进行了较为深入的探讨，不过这些研究主要集中在缓解企业的融资约束方面。如彭红星等（2020）研究表明交叉持股可以大大缓解民营企业的融资约束，但随着金融市场化水平的提高，交叉持股在减少融资约束方面的作用有所减弱，并且民营企业在持股网络中的中心性越高或结构性漏洞越大，其融资约束条件越低。雷辉和金敏（2021）在对银行竞争是否缓解了我国融资约束的研究中，指出银行之间日益激烈的竞争、股份制商业银行和区域性商业银行的出现，以及国有商业银行的垄断地位减弱等，都有效减少了上市公司所面临的融资约束问题。尼科洛夫（Nikolov）等（2021）指出机构之间的摩擦会导致金融摩擦，进而使得企业融资受到限制。基于 2003～2018 年我国非金融上市公司的数据，杨玲和沈中华（2020）研究银行贷款、公司金融化与融资约束（使用 KZ 指数衡量）的关系，发现金融化与融资约束、银行贷款正相关，高融资约束、高成长性的企业会更多使用银行贷款，而低融资约束、低成长性的企业比低融资约束、高成长性的企业更多地使用银行贷款，具有更高的金融化程度。李真等（2020）利用中国制造业上市公司的数据，研究了融资约束、融资结构偏向性与企业创新的关系，结果表明直接融资比例提高可以显著缓解民营企业与新兴制造业企业的融资约束、并提高创新投资效率。孙秀峰等（2021）研究发现在服务业企业中，内部融资不会影响企业的融资约束；债务融资会加重企业的融资压力，造成严重的融资约束；股权融资则可以缓解融资约束。

3. 创业板上市公司的融资约束

在不完美的资本市场环境下，信息不对称是融资不足、抬高资金成本、产生融资约束的根本原因（潘红波和杨海霞，2022）。企业想获取先行者优势、抢占市场有利位置，加大创新投资力度、聚焦于核心技术研发是必然的战略选择（徐礼伯和沈坤荣，2022）。对于我国创业板上市公司而言，生物医药、新能源、环保材料、半导体等行业在国内外市场上并未具有突出的竞争优势，因此加快布局核心技术研发是企业改变发展困局、抢占全球价值链分工有利位置的主要方向。然而，创业板上市公司往往对研发信息高度保密，并非第一时间对外公开披露，导致投资者无法获知研发的相关信息，信息不对称问题加深了资金的使用成本（杜建华和徐璐，2019）。因此，为了应对信息不对称，金融市场投资者或者要求创业板企业给予较高的投资回报率，或者选择保守观望态度、减少投资（乔建伟，2020；许慧等，2021）。相比于主板上市公司，创业板企业可能因投资者的这两种行为方式导致难以获得足够的外源融资。加之，研发产品抵押的有限性，无法获取银行等债权投资人青睐，无法筹集到经营活动所需的足够资本，造成严重的外源融资约束问题。综上所述，投资行为并不可能完全由投资需求所决定，创业板上市公司的研发创新活动因内部、外部资金成本的差异容易导致投资活动面临更严重的融资约束（董孝伍，2018；项桂娥等，2021）。

四、营商环境

经济网络嵌入理论认为，市场不是抽象概念，而是不同主体结成的复杂生态系统，因此经济活动必然被嵌入特定的关系网络，而关系网络的嵌入程度、演化规律等特征对经济活动产生着持续性的影响（Granovetter，1985；Rimante，2019）。作为反映市场关系网络优劣的重要内容，营商环境是市场主体赖以生存的土壤，在一定程度上影响了获取潜在信息、资源、技术与顾客的成本和效率。由于我国地域范围大、经济发展水平参差不齐、市场化水平不同、法治化水平不同、公共服务效率不均、政府治理水平优劣不等，导致营商环境也存在较多差异，影响了企业活动的运行效率与效益，制约了经济的高质量发展（王小鲁等，2020）。

早在 2008 年国务院印发实施的《国家中长期科学和技术发展规划纲要（2006—2020 年）》中，明确提出了"营造激励自主创新的环境，推动企业成为技术创新的主体，努力建设创新型国家"①。
该纲要表明国家已经注意到包容、灵活的创新环境对于技术产出效
率的重要价值。为了突破"各自为政"的割裂式市场、提高资源要
素的流通性，党的十八届三中全会指出要建设公平、公正、高效的
竞争环境，实现市场在资源配置中的主导作用。2020 年 4 月，《中
共中央、国务院关于构建更加完善的要素市场配置体制机制的意
见》指出"我国经济结构性矛盾的根源是要素配置扭曲，要彻底解
决问题，根本途径是深化要素市场化配置改革"，即致力于构建有
助于发挥市场在资源配置中发挥主导性作用的营商环境。2021 年
的全国两会审议通过的《中华人民共和国国民经济和社会发展第十
四个五年规划和 2035 年远景目标纲要》，进一步明确提出了"构建
一流营商环境"的战略目标，打造金融有效支持实体经济的体制机
制，防范过度金融化导致经济泡沫的风险，服务于我国经济高质量
发展的现实需要。根据世界银行发布的《2021 年营商环境报告》，
我国的营商环境改善尤为明显，较上一年度上升了 30 多位，居全
球第 46 位。该报告以北京和上海为例，指出我国营商环境改革的
亮点表现在：推出网上注册系统、简化社会保障登记流程，提高
"创办企业"的便利性；通过网络扩容和提供免费接电服务，使
"获取电力"更加便利；简化申办施工许可和竣工验收流程及新建
筑的不动产登记制度，使"办理施工许可证"更加便利。2022 年
《政府工作报告》明确提出要"牢牢守住不发生系统性风险的底
线"，关键之一在于建设透明公平的信息环境，防范信息不对称所
带来的资本市场无序竞争（李文贵和路军，2022）。在全球金融危
机爆发风险增加、国内经济发展疲软的现实背景下，2022 年 4 月

---

① 国家中长期科学和技术发展规划纲要（2006—2020 年）［EB/OL］. 中华人民共
和国科学技术部，2006 – 02 – 09. www. most. gov. cn/xxgk/xinxifenlei/fdzdgknr/gjkjgh/
200811/t20081129_65774. html. 2022 – 11 – 10.

10 日，中共中央、国务院正式公布了《关于加快建设全国统一大市场的意见》，指出要加快建立全国统一的市场制度规则，打破地方保护和市场分割，打通制约经济循环的关键障碍，服务于国内国际双循环新格局的构建，致力于创建高效规范、运转畅通、公平竞争、充分开放的全国统一大市场。因此，构建公平竞争的营商环境，是我国经济体制改革的主线，也是我国经济高质量增长的基础（张杰等，2022）。从实践上来看，营商环境对微观层面企业战略决策与经营效率的影响，已经引起了我国各级政府主管部门的关注（徐礼伯和沈坤荣，2022）。例如，2021 年 3 月，上海市发布了《上海市加强改革系统集成　持续深化国际一流营商环境建设行动方案》，即营商环境改革 4.0 版，以市场化为基础，以创新激励为动力，对上海的营商环境建设进行全面规划，进而实现上海经济的高质量增长。

作为市场活动的主体力量，企业的决策过程与决策效率必然受到所处营商环境的影响。近年来，在创新创业领域，营商环境成为学术界关注的热点内容（杜运周等，2022；刘娟和唐加福，2022）。然而，不同学者对于营商环境所选取的衡量指标存在较多差异。例如，李政和金晓彤（2008）认为应当从社会文化、政治制度、经济技术、政策法规与市场资源五个方面衡量营商环境的质量。全球创业观察数据库则从创业金融条件（创业企业对于股票、债券的可得性）、政府政策的支持力度、政府税收水平、创业教育在高中及之前教育阶段的普及度、创业教育在大学或职业教育中的普及度、商业与法律基础设施、物质基础设施、内部市场波动性、市场进入门槛、文化与社会规范等十个维度衡量营商环境。张三保等（2020）依据"国际可比、对标世行、中国特色"的评价原则，借鉴国内外营商环境评价指标体系，并结合《优化营商环境条例》内容，从市场环境、政务环境、法律政策环境、人文环境四个维度评价了我国的营商环境，为分析宏观营商环境对微观企业行为与效应的影响提供量化依据。目前，国内更多学者使用了由王小鲁等主编的《中国分省企业经营环境指数 2020 年报告》所披露的营商环境衡量方法。相对而言，该指数的衡量更加全面、更成体系、更具合理性。例如，2020 年的报告包含总指数、8 个方面指数（金融服务和融资成本；企业的税费负担；市场环境；人力资源供应；企业经营的法治环境；政策公开、公平、公正；基础设施条件；行政干预和政府廉洁效率）以及 30 个分项指数。

五、创业板上市公司

1. 创业板设立的过程与现状

为了区别于主板市场，创业板（growth enterprises market）又称"二板市场"（Second-board Market），即第二股票交易市场，起源于 20 世纪 70 年代的美国①。创业板是为暂时无法在主板市场上市、而又具有较好前景的创业型企业提供融资途径和成长空间，是对主板市场的重要补充，在资本市场中发挥着举足轻重的作用。与主板市场相比，创业板对企业的成立时间、资本规模、中长期的业绩等要求相对宽松，但对其日常运营有着严格的要求（董孝伍，2018）。创业板市场最大的特点就是进入门槛相对较低，但是由于

---

① 1971 年，美国正式成立了纳斯达克（NASDAQ）市场，旨在帮助中小企业，特别是高成长性的科技型新兴公司拓宽融资渠道。目前，美国的纳斯达克已经成为了全球最大、投资最活跃的创业板市场，其内部形成的三个细分板块：全球精选市场、全球市场与资本市场，分别吸引了许多国家的大型蓝筹企业、中型企业与小微企业。20 世纪 90 年代知识经济重构了全球产业链与价值链，诞生了大量的高新技术企业，风险投资业也迅速发展。在借鉴纳斯达克市场成功经验的基础上，许多国家或地区纷纷设立了创业板，旨在通过发展高新技术产业，抢占全球价值链分工的有利位置，培育国家战略竞争优势，例如韩国于 1996 年设立了 KOSDAQ、中国香港于 1999 年设立了 GEM。

重视公司未来前景与发展潜力，因此有助于有潜力的中小企业获得融资机会，丰富资源禀赋。

20 世纪 90 年代中期开始，一些国内创业者利用国外先进的技术与雄厚的资本，创办了诸多高科技企业，在满足市场需求的同时，也实现了财富资本的迅速积累。由于创业企业的巨大成功，使得分业投资成为一个新兴的领域。1998 年 3 月，成思危代表民建中央向全国政协提交了被认为揭开中国创业板序幕的《关于借鉴国外经验，尽快发展中国风险投资事业的提案》，建议创业板应该分三步走：第一步，在现有法律法规的框架指引下，成立一批专业的风险投资公司，掀起创新创业的浪潮；第二步，建立风险投资基金，完善现代投资机制，为创新创业提供资金支持；第三步，建立包括创业板在内的风险投资体系，利用风险资本在监督上市公司的动机与优势，服务于新兴高科技企业的发展需要，为风险资本营造一个正常的退出机制。1999 年，党中央、国务院提出要在适当时机设立高新技术企业板块，解决高科技企业的资金需求，推动我国企业竞争能力的稳步提升。2000 年 10 月，深圳证券交易所停发新股，决定设立创业板。然而，2001 年互联网经济泡沫的破灭，作为创业公司上市阵地的纳斯达克等全球创业板股市大跌，许多依托互联网技术的新创企业纷纷破产倒闭，重创了全球经济，在此情境下我国决定延缓设立创业板。2004 年，深圳证券交易所设立了从主板向创业板过渡的中间产物——中小企业板（2021 年 4 月，经证监会批准同意，深圳证券交易所主板和中小板合并），鼓励中小型企业的自主创新。在中小企业板上市的公司普遍具有收入增长速度快、盈利能力强、股票流动性好等特点。2009 年 10 月 23 日，我国创业板在深圳证券交易所正式启动，为科技创新型中小企业提供了更广泛的融资渠道，为资本市场注入了新鲜活力。作为我国科技创新企业理想上市地，创业板在推动低失业、低通货膨胀、低财政赤字、高增长的新经济形态可持续健康发展方面发挥了至关重要的作用。2020 年 8 月 24 日，创业板注册制首批企业正式挂牌上市，更加多元包容的上市条件和大幅度提升的审核效率，标志着资本市场正式进入了全面改革的深水区，创业板 2.0 正式出发，是实现我国资本市场长期健康发展的重要举措。

截至 2021 年 8 月，创业板上市公司总市值高达 127650.51 亿元，仅次于美国的纳斯达克，居全球创业板市场第二位。在上市的1000 多家公司中，市值在 100 亿元以内的上市公司 791 家，占比78%；市值在 100 亿~500 亿元的 185 家，占比 18%；市值在 500亿元以上的 35 家，占比 3%。2020 年平均实现营业收入 20.71 亿元，平均同比增长约 7%；平均实现净利润 1.35 亿元，平均同比增长 43%。注册制下企业业绩突出，平均实现营业收入 23.41 亿元，净利润 2.11 亿元，优于板块平均水平①。创业板上市公司的历史使命是支持创业企业发展、落实自主创新战略。同时，我国自主创新战略的实施，也为创业板上市公司开拓了广阔的发展空间。

然而，创业板市场经常性面临"发行股价高、市盈率高、超募比例高"等问题，容易造成资金的供需错位与不平衡，资源配置效率低下，导致急需资本支持的公司无法获得足够的资金，影响了可持续发展与竞争力培育，最终威胁到创新驱动高质量增长的战略执行效果（曾振和沈维涛，2016）。基于此，如何解决创业板市场所面临的融资困境，是政策制定者与理论研究者迫切需要探讨的议题。

---

① 创业板上市公司数据全透视 ［N］. 中国证券报，2021 - 08 - 24 (4).

2. 创业板设立的目的

第一，通过市场机制运作，评价创业项目的市场价值，促进知识与资本的有机结合，落实自主创新战略，促进知识经济、数字经济、物联网经济等新经济形态的可持续发展，进而服务于我国经济高质量发展的需要（王芳和郭雷，2022）。鲍莫尔（Baumol，2004）研究发现：产业网络嵌入程度较高的成熟企业的优势在于渐进式创新，表现在利用市场知名度、供应链完整度、规模经济效应等，按照主要客户的需求对现有技术或者产品进行调整、改进、升级，例如 iPhone 手机的升级换代（从 iPhone13 到 iPhone14）；组织合法性不足的创业企业的主要贡献在于实现突破式创新，表现在较竞争对手先进入某一个领域，发展某一项新型技术。当前，越来越多的创业企业聚焦于元宇宙、云计算、大数据、人工智能、区块链、物联网、虚拟现实、生物医药等前沿业态，通过获取稀缺资源，掌握关键因素和问题的新知识，开发具有较强竞争力的新技术、新产品、新服务，从而培育先行者优势，抢占有利于击败竞争对手的市场位置（刘忆斐和王丽平，2021）。在这个过程中，外部资本的支持、市场机制的考验，对于创业企业及其项目能否成功至关重要。

第二，为创业企业拓宽融资来源，丰富企业的资金基础，支持研发、采购、生产等价值链活动（范从来，2016；许慧等，2021）。依据资源基础观，"新进入者劣势"严重影响了新创企业的组织合法性建立，资源获取成本高，导致新创企业在产业分工与协作中往往处于不利的地位，影响了发展的可持续性。为此，国家通过设立创业板，有效地为更多硬科技、新业态的优秀创业企业营造了更加高效和便捷的融资环境，推动创业板市场焕发更强的生机与活力（宫兴国等，2015）。通过多层次资本市场的建设，建立起风险共担、收益共享的直接融资机制，可以缓解高科技企业因为规模限制或合法性不足所带来的融资瓶颈，为外部投资者提供风险投资指引。此外，还可以调动银行、担保等机构对企业的贷款和担保，从而形成适应高新技术企业发展需要的多元投融资体系，拓宽融资渠道。截至 2021 年 8 月，在创业板上市的 1000 多家企业首发募集资金累计 6595.52 亿元，平均首发募集资金 6.52 亿元，其中 182 家注册制下新上市公司首发募集资金累计 1401.47 亿元，平均首发募集资金 7.70 亿元，有效支撑了企业的研发活动与技术创新。

第三，为风险投资资金提供退出机制，推动风险投资活动的专业化、规范化与高效化。作为创业活动重要的参与者，风险投资机构在筛选、评价、监测和辅导创业企业方面具有其他资金提供机构所不具有的知识和能力优势（Zheng et al.，2022）。技术进步、创业活动与资本运作相伴而生：技术进步推动了创业企业的创建，而技术进步所产生的红利又催生了专业化的风险投资，风险投资为创业企业的创建与早期运营提供了必要的资金支持与专业辅导。当创业企业获得成功之后，风险投资机构将会适时地转让股份，获取较高的投资回报率，继续从事风险投资业务（Vismara，2018）。

第四，为自主创新提供了激励机制，引导资本市场与企业组织重视创新投资（余长林和池菊香，2021）。2014 年 6 月，证监会发布了《关于上市公司实施员工持股的指导意见》，鼓励上市公司将员工持股作为激励员工、提高治理效率的重要工具。资本市场通过提供股权和期权激励计划，可以激发科技研发人员更加努力地将科技创新成果由未来收益变成实际收益，使个人利益与企业整体利益趋于一致，解决创新型企业有效激励缺位、创新动机不足的问题，实现企业与个人的双赢（肇启伟，2021）。截至 2021 年 8 月，创业板共有 648 家上市公司推出 1159 单股权激励计划，涉及股份数量90.32 亿股。其中，305 家公司推出两期以上激励方案，117 家公司推出三期以上激励计划，有效地激发了研发创新。

第五，引导创业企业建立现代化公司治理机制，规范企业运行。一般来说，新创企业在组织结构、职能分工、运行模式、公司治理等诸多方面虽然比较灵活，但因此造成的组织合法性缺失问题严重，容易引起投资者的疑虑与顾忌，而在创业板上市有助于规范此类问题（唐跃军和左晶晶，2020）。我国证监会要求创业板上市公司必须按照国家相关法律法规与主管部门规章制度，建立现代化的公司治理机制。同时，创业板也充分发挥了平台优势，支持创业企业深耕主业，积极通过并购重组实现产业整合和升级转型，实现跨越式发展。

3. 创业板上市条件

企业要在创业板上市，除了要满足《中华人民共和国证券法》《中华人民共和国公司法》等的基本规定之外，还需要遵守 2020 年 6 月 12 日证监会发布的《创业板首次公开发行股票注册管理办法（试行）》《创业板上市公司证券发行注册管理办法（试行）》《创业板上市公司持续监管办法（试行）》《证券发行上市保荐业务管理办法》等部门规章制度，以及《深圳证券交易所创业板企业发行上市申报及推荐暂行规定》《深圳证券交易所关于北京证券交易所上市公司向创业板转板办法（试行）》等一系列业务规则。例如，发行主体具有自主创新能力和较强成长性，法人治理结构完善，经营运作规范；发行主体主营业务突出，经营业绩优良，发展前景良好；发行募集资金投资项目符合国家产业政策，符合发行主体的经营发展战略，能够产生良好的经济效益，有利于推动发行主体持续稳定发展。发行后股本总额不低于 3000 万元；公开发行的股份达到公司股份总数的 25% 以上；公司股本总额超过 4 亿元的，公开发行股份的比例在 10% 以上等一系列条件。

第二节 理 论 基 础

为了分析融资渠道、融资约束、营商环境与创业板上市公司创新投资之间的逻辑关系、提出相应的研究假设，本书综合应用了优序融资理论、政府干预理论、信息不对称理论等有关知识。

一、优序融资理论

融资偏好是企业资本结构决策的核心内容。美国金融学家迈尔斯（Stewart Myers）与智利学者迈勒夫（Nicholas Majluf）于 1984 年提出的优序融资理论，以信息不对称理论为基础，考虑了税收、财务困境、交易成本等因素，是对"MM 理论"[①] 的继承与发展。该理论认为相比于内部融资，外部融资需要支付更多的成本费用，且股权融资的成本高于债务融资的成本，从而得出了企业融资决策的顺序依次为：内源融资、债务融资（从安全的债务到有风险的债务）、股权融资（Myers and Majluf，1984）。优序融资理论具有三个特点。第一，如果内源融资可以满足企业投资项目或者研发项目的资金需求，企业应当首选内源融资，即优先使用企业的内部资金，

---

① 由美国的莫迪格利安尼和米勒（Modigliani and Miller，简称 MM）于 1958 年 6 月份发表于《美国经济评论》的《资本成本、公司财务和投资管理》一文中所阐述的基本思想。讨论了在没有税收、不考虑交易成本以及个人和企业贷款利率等情况下，结论为企业的总价值不受资本结构的影响。其基本假设为：（1）企业的经营风险是可衡量的；（2）投资者对企业未来收益和取得这些收益所需面临的风险预期是一致的；（3）证券市场是完美的，不存在交易成本；（4）投资者可以同公司一样以同等利率获得融资借款；（5）公司与个人的负债均无风险；（6）公司发行新债不会影响旧债的市场价值。1976 年，米勒（Miller）对 MM 模型进行了修正完善，考虑了公司所得税和个人所得税的影响，但仍然忽略了现代经济活动中的两个关键因素：代理成本与破产成本。

如留存收益、折旧和定额负债等进行投资活动：（1）内源融资不会改变融资结构，是反映企业经营状况的重要指标，也是能否获得债务融资或者股权融资的关键；（2）内源融资对外界意味着企业发展势头良好，有利于企业在证券市场上的股价稳定与提升。第二，当企业内部盈余不足或现金流受限导致内源融资不能满足创新支出时，企业将寻求债务融资，即通过向个人、银行或者机构投资者出售债券、票据等方式筹集资金，用于维持企业的正常经营活动（李真等，2020）。第三，如果债权人所提供的债务融资也无法满足企业的资金需求，企业将采取发行优先股或普通股的方式获得股权融资（企业股东让出部分所有权，通过增资方式引进新股东、增加总股本），进而解决企业所面临的资金短缺问题。然而，对于企业的股东而言，股权融资的成本最高，不仅会稀释原有股东的股权，而且股权投资者还会分摊企业的经营收益。因此，优序融资理论认为企业会尽可能避免选择股权融资筹措资金（Miloud，2022）。

大量学者的实证研究支持了优序融资理论的观点（董孝伍，2018；余长林和池菊香，2021）。例如，巴斯金（1989）基于交易成本、个人所得税和控制权等视角，发现由于留存收益或计提折旧所提供的内部资金无须支付发行成本，避免了个人所得税，最受管理层与早期投资人的青睐；债务融资具有税收减免的效应，发行成本较低，且不会稀释公司控制权，是管理层在内源融资能力不足时的重要选择；而通过发行股份的股权融资则会稀释公司的控制权，影响决策效率与治理结构，最不为管理层所青睐。董孝伍（2018）基于我国创业板上市公司的研究发现，相比于权衡理论（trade-off theory），优序融资理论对我国创业板上市公司的融资偏好行为有更好的解释效果，即我国创业板上市公司的融资偏好更符合优序融资理论的基本观点：优先内部融资、其次债务融资，而股权融资最不受欢迎。苏哈尔迪和阿弗里扎尔（Suhardi and Afrizal，2019）的研究也发现，企业资本结构的选择依赖于对盈利能力和盈利增长率的判断：企业盈利能力和盈利增长率越高，企业越遵循优序融资理论的基本观点。这是由于内源融资的资金大部分来源于留存收益和计提折旧，而盈利能力和增长率高可以创造更多的留存收益和计提折旧，有效地提升了内源融资能力。同时，良好的盈利状况释放了积极的信号，也有利于企业获得债务融资和股权融资。樊颖（2020）基于优序融资理论，探讨了企业如何优化资本结构：如果企业内部的现金流量高于其投资的需求，多余现金将优先用于偿还所负债务而非回购股票。如果企业内部资金不足、对外部融资存在较高需求，融资选择顺序依次是：从低风险的债务到高风险的债务（从有抵押担保的债务到可转换债券或优先股），而可能稀释控制权的股权融资则是管理层最迫不得已的选择。

二、政府干预理论

古典经济学时期的自由放任主义思想反对政府对经济的干预，认为作为一只"看不见的手"，自由竞争的市场机制支配着经济与社会的相应活动，而政府对生产、消费、价格等干预越少，经济运行效率越高，因此政府仅能征收用以维持和平、治安和财产安全的税赋。19世纪初，英国经济学家詹姆斯·穆勒（James Mill）提出的萨伊定律认为"供给创造其自身的需求"，其隐含的基本假定是在商品流通过程中，由于市场的自我调节作用，生产者的生产引起了对其他生产者的商品需求，整个经济体系就实现了均衡循环，经济一般不会发生生产过剩的危机，也不可能出现就业不足的问题。因此，不需要政府干预经济活动，市场的供给需求自身就能完成经济生产的过程，政府主要的作用是营造良好的外部环境（包含国家防卫、司法监督、公共服务以及维护公共产品等方面）。最早的政府干预思想来源于重商主义学说（mercantilism），该学说认为国家干预有助于创造就业岗位、刺激经济发展。弗里德里希·李斯特1841年在《政治经济学的国民体系》一书中系统地提出了幼稚产业保护理论（infant industry theory），指出国家应当采取适当的过渡性保护政策和扶持政策，支持本国的新兴产业顺利度过初创期，提高竞争能力、建立比较优势，进而通过出口对国民经济的发展做出贡献。同时，优先保护本国的农业、制造业和商业发展，进行必要的进出口管制，不能让输入超过输出，避免幼稚产业受到外部冲击。

从20世纪30年代开始，凯恩斯主义开始为人们所接受。凯恩斯主义的政府干预理论认为，市场上的供求关系难以单纯依靠市场达到平衡，市场机制并不能完全解决外部性、垄断、收入分配和公共产品等问题，因此主张摒弃经济自由主义思想，增加财政支出，通过公共投资弥补私人投资的不足，以应对可能爆发的经济危机（凯恩斯，2005）。然而，凯恩斯主义主张积极的财政赤字，不仅没能实现供求关系的平衡，反而带来了严重的经济停滞和通货膨胀问题，货币主义学派逐渐占据上风。货币主义学派的政府干预理论认为，政府控制的货币供给是决定商品产量和国民收入变化的重要因素（Friedman，1962），如果政府过度干预市场经济，就会对货币供给产生一定的影响，进而对市场经济的稳定产生不利的影响，因此货币主义学派强烈反对政府在经济发展的过程中过度使用干预手段。

现代市场经济的政府干预理论则承认市场本身是最有效的资源配置方式，但由于不完全竞争、信息不对称、外部性等问题的存在，仅仅依靠市场容易出现资源配置失灵的情形，且失灵的市场无法自愈，如果不加以干预纠偏，将会造成资源配置的无序与低效率。为此，政府应当利用经济政策、法律法规等手段，对市场经济进行调节，抑制通货膨胀，优化经济产业结构，实现对整个社会经济的有效引导，优化资源的合理分配，为市场经济的健康运转创造最佳的外部条件，使市场经济体系得以健康、平衡、稳定地发展（Lee，1996）。简言之，市场经济的顺利平稳运行，避免市场失灵造成资源配置低效率，政府干预是必不可少的。政府干预理论强调政府主管部门应当通过财政补贴、税收优惠、市场准入等各种宏观政策手段干预经济的运行、弥补"市场失灵"所带来的不足、提高资源配置的精确性。换言之，政府干预的作用表现在治愈市场失灵，实现资源优化配置，从而保证微观层面的企业经营活动的效率（Luo and Li，2015；苏雪串，2010；肖建辉，2022）。

创业板上市公司聚焦基于区块链、新材料、新能源、数字技术、生物健康、虚拟现实等的新经济、新业态、新模式，符合国家创新驱动发展的战略需要，但在证券市场中经常遭遇"发行股价高、市盈率高、超募比例高"的典型特点，容易造成资金的供需错位与不平衡。在多层次的资本市场中，创业板上市公司所聚焦的领域多为强调原始探索的突破式创新，失败的概率相对较高（郭玥，2018）。因此，为了提高资源配置的精确性与效率性、弥补市场失灵所带来的不利影响，政府主管部门可以利用财政补贴、税收优惠等各种政策工具，发挥宏观调控的职能。特别是在知识产权保护制度不尽完善、侵权行为时有发生的情境下，缺少政府的必要干预，开展大量创新活动的创业板上市公司研发活动的积极性与持续性将会受到极大的削弱（王善平和王灿，2022）。同时，政府干预向外界传达了积极的信号，更容易吸引金融机构与投资者的关注，有利于企业的创新研发活动获得外部融资支持（王刚刚等，2017）。简言之，政府干预作为推动创业板上市公司发展的重要外部手段，往往具有双重目标，既要促进市场规模的稳步增长，又要激励行业技术的跃升进步，从而推动创业板上市公司所在产业尽快步入高质量增长的轨道。

　　然而，当前我国存在相对明显的要素市场化改革滞后于产品市场化改革的现象，主要原因可能是关键要素市场的人为干预较多，从而影响了微观层面的资源配置与企业创新活动（张杰等，2022）。换言之，作为旨在稳定金融市场、提供财政或者税收支持的宏观经济调控手段与行业发展干预方式，政府干预对创业板上市公司的创新投资具有双向的可能影响：正向的刺激作用或负向的抑制作用。依据政府干预理论，政府可以通过财政补贴或者税收优惠等政策工具加以干预，预防创业板上市公司所面临的市场失灵的现象，避免研发错配或者分配不当（Yin，2019）。尤其是全球疫情反复不定、病毒不断演化，对各国经济造成巨大冲击与破坏的同时，也诞生了基于数字化、区块链、物联网、人工智能等的技术成果，这些新型技术与实体经济的深度融合带来了产业结构的大幅度调整，催生了一大批创业企业，再一次革命性地改变了人类的生活与生产方式。基于此，各国政府纷纷出台各种产业政策，以期抢占先行者优势，在全球价值链分工中处于更加有利位置。

　　简言之，政府主管部门当前需要明确自身所扮演的角色："有为且有限"，处理好"效率"与"公平"之间的关系，即确保市场在资源配置中起主导作用的前提下，政府对市场的干预应当与其职能相符，从而有效地弥补市场失灵的领域（徐礼伯和张雪平，2019）。在计划经济体制向社会主义市场经济体制转型的过程中，政府更需要减少直接投资办企业的传统做法，代之以财政补贴、税收优惠等政策措施作用于企业层面，诱导市场在资源配置中的主导作用，最终达到企业利益最大化与政府调控科学化的双赢目标（柳光强，2016）。

三、信息不对称理论

在市场经济机制下，企业的目标更多是为了发展战略竞争优势、获取更多市场收益、实现利益最大化，而政府的干预主要是为了从宏观层面扶持产业发展、拉动经济增长（柳光强，2016）。然而，无论是企业，还是政府部门，均难以掌握决策或行动所需的全部信息，即信息不对称使其成为"有限理性"的决策主体。信息不对称是指在社会、政治与经济活动中，不同主体所掌握的信息存在差异，一些成员拥有其他成员所不具有的信息。掌握信息较多的一方更加有利，而掌握信息较少的一方则处于劣势。在市场经济活动中，企业经理、投资人、债权人所掌握的信息呈现典型的不对称分布，拥有更多信息的卖方在决策中处于优势地位，买方因信息有限则处于弱势地位，处于有利地位的一方会利用信息优势做出不利于处于劣势的一方的决策，从而产生逆向选择（adverse selection）与道德风险（moral hazard）。其中，逆向选择发生在交易之前，是指具有信息优势的一方隐藏信息或知识，与对方签订协议进行交易；而道德风险发生在交易之后，是指在信息不对称情形下，不确定或者限制性合同使得负有责任的经济行为主体不承担其行动所带来的全部后果。这两种行为均会造成信息劣势一方利益受损，市场效率降低（Lee，1996）。

在吸收契约理论内涵的基础上，信息不对称理论对传统经济学关于完全信息对称假设提出了质疑与批判。例如，阿克尔洛夫（Akerlof，1970）从商品交易市场、斯宾塞（Spence，1973）从劳动者市场、格林沃尔德和斯蒂格利茨（Greenwald and Stigliz，1993）从金融市场等，分别验证了信息不对称在经济活动中是普遍存在的现象。阿克尔洛夫（Akerlof）对二手车市场的分析发现：二手车卖方一定比买方掌握更多关于汽车的相关信息，双方对于汽车质量的信息不对称产生了较多矛盾，当买方发现自己总是在交易中处于不利地位时，他们将会刻意压价，而卖方则经常使用"以次充好"的手段满足买方要求，最终导致这种交易模式日渐式微。为此，阿克尔洛夫（Akerlof）提出两个假设：（1）市场交易者追求自身效益最大化；（2）市场消费者知道产品质量存在某个闭合的区间，服从一个分布。这两个假设构成了信息不对称理论的基本分析框架。斯宾塞（Spence）在观察劳动市场时发现：用人单位与应聘者存在比较明显的信息不对称。具体表现在：（1）为了吸引高质量的应聘者，雇佣方经常性美化硬件设施、薪酬待遇、职业发展等信息，但是作为应聘者无法准确掌握企业所提供的信息是否真实可靠，因此会出现"以次充好"的现象；（2）应聘者为争取高质量的岗位，通常会从服饰打扮、举止谈吐、学历层次、职业经历等方面"包装粉饰"自己，使得企业难以辨析优劣，从而出现真正优秀的人才被挤出市场的情形。斯宾塞（Spence）揭示了人们在劳动市场中利用信息优势谋取自身利益最大化的行为方式。格林沃尔德和斯蒂格利茨（Greenwald and Stigliz）在整个信息不对称理论的发展中贡献最大，不仅改变了分析市场的运作方式，而且从保险市场扩大到信贷市场、金融效率、非自愿失业等领域。具体而言，格林沃尔德和斯蒂格利茨（Greenwald and Stigl-iz）在信息不对称中的理论贡献主要表现在三个方面：（1）市场当中的买卖意愿并不必然导致最后交易的达成；（2）即使最后成功达成交易，可能是交易性质的特殊才使得交易完成；（3）如果市场机制无法发挥作用，非市场机制将应运而生。随后，学者们在这些研究发现的基础上相继提出了逆向选择理论、市场信号理论等，对信息不对称理论进行了延伸与发展。

　　作为经济活动中的重要主体，企业在融资过程中也必然面临信息不对称问题，由此所造成的融资约束引起了学术界的广泛关注。传统的经济学认为在完美市场中，企业内外部融资成本没有差异，具有完全替代性，投资行为只与需求有关，与投资成本无关（Modigliani and Miller，1958）。然而，完美资本市场的假设过于苛刻，现实中也不存在信息完全对称的完美资本市场，经济活动的参与者所掌握的信息是不均衡、非对称的，导致金融市场的资源配置效率低下。因此，梅耶斯和梅吉拉夫（Myers and Majluf，1984）与法扎里等人（Fazzari et al.，1988）推翻了信息完全对称的假设，前者认为由于企业与金融市场的金融家存在信息不对称，使得金融家降低风险证券的价格，最终由企业承担外部融资的高成本，即内外融资成本存在差异性。后者则依据信息不对称理论，强调企业投资必然要面临融资约束。这主要是因为相比于外部投资者，企业经营者拥有更多的信息优势，对于需要投资的经营活动的现实状况、未来发展状况和风险水平更为了解。投资者恰恰相反，想要了解企业经营情况和投资项目的现实状况，只能通过企业的大体经营状况来判断，比如融资的选择、融资的比例结构来判断企业真实信息。塔卡洛和塔纳亚玛（Takalo and Tanayama，2010）认为，信息不对称使企业无法获取充足的投资资金，企业创新也将存在逆向选择。梅乌勒曼和德玛森内雷（Meuleman and De Maeseneire，2012）发现正是政府补贴传递的认证信息，从而降低企业与投资者信息不对称的程度，吸引到更多的外部融资，缓解了融资约束问题。圭扎罗等（Guijarro et al.，2015）发现，如果银行与企业合作关系越长久，则银行对企业信息掌握越充分，从而更可能给予企业提供研发资金支持。楚有为（2020）结合信息不对称理论发现，由于研发信息公布不完善，使得企业无法获取银行的信任与融资。此外，一些国内外学者直接利用信息不对称代理变量，衡量投资活动中的融资约束，均发现信息不对称程度越高，企业面临的融资约束则越大。由此可见，信息不对称是造成企业融资约束的主要原因。

作为市场化的融资方式，外源融资（债务融资与股权融资）无法避免融资方与投资方之间严重的信息不对称问题（李真等，2020）。在创业板上市公司中，信息不对称现象也主要存在于外源融资。第一，研发投资具有高度保密性，研发人员需严格保密公司的研发活动。并且，代理理论认为管理者在决策时往往基于自身利益的最大化而非股东价值的最大化（李善民和杨若明，2022），即管理者出于增加在职消费、提升薪酬回报、构筑商业帝国或优化职业生涯等私利，会隐藏不利信息而披露有利信息，导致投资者无法获取关于研发活动的充分信息，此时企业与投资者之间形成了信息不对称现象（李文贵和路军，2022）。第二，债务融资的债权方为了保障自身的收益，往往与企业签订限制性条款，要求企业将债务融资资金用于收益确定的低风险项目，但企业可能利用信息不对称的特点，将债务融资资金用于收益更高的项目获取风险溢价。第三，研发活动形成的无形资产难以准确估值，又缺少固定资产作为抵押物，因此投资者无法在市场上做出准确、有效的判断。简言之，由于研发活动信息不对称的存在，造成创新投资资金在获取方面具有成本差异特征，获取外部融资需要支付投资者更多的风险溢价，一旦企业无法支付且内源融资不足，必定会造成创业板上市公司的创新投资低于预期（Giebel and Kraft，2019）。此外，政府干预行为也会受到信息不对称的影响：第一，政府主管部门受限于有限与有效的信息，经常性采用简单的"一刀切"做法，导致财政补贴缺乏针对性与精确性。第二，为了获得政府的税收优惠，创业板上市公司也会刻意地满足税收优惠的各种条件，而政府主管部门很难掌握企业的这些行为，信息不对称导致这些企业获得了税收优惠的事后激励。第三，创业板上市公司往往会通过刻意隐瞒、虚假申报等方式获取政府的财政补贴或税收优惠，并且将这些补贴用于非研发活动，偏离了政策制定的初衷（Khan et al.，2019；柳光强，2016）。简言之，研发创新的不确定性、非对称性、风险性、长周期性等特征，导致创业板上市公司的相关信息难以有效传递，影响了各种融资资金的有效配置与高效利用（杨志强等，2021）。需要指出的是，随着互联网信息技术的快速发展，企业所面临的信息不对称问题不再简单地受困于信息获取成本高，还涉及信息爆炸和信息加载所导致的信息干扰因素复杂、甄别难度大、整合成本高，促使企业的融资决策与结果变得更加复杂（蔡贵龙等，2022）。

第三章

文献回顾与假设提出

本章基于优序融资理论、政府干预理论、信息不对称理论等，结合已有的相关文献研究与创业板上市公司的实际情境，首先分析了融资渠道（内源融资、债务融资、股权融资、财政补贴与税收优惠）与创新投资之间的关系，其次探讨了融资约束的中介作用与营商环境（市场化水平、法治化水平与政府治理水平）的调节效应，并据此提出了若干针对性的假设。

第一节　融资渠道与创业板
上市公司创新投资

作为企业举足轻重的战略性活动，创新投资具有持续时间长、投资金额大、不对称性突出、收益不确定、回报滞后性、抵押有限性等特征，但研发成功往往代表着产生新技术、新产品、新工艺、新流程或者新商业模式，赋予企业更强的内涵基础与竞争能力，有助于发展先行者优势、抢占更多市场份额、获取更高附加价值（胡恒强等，2020）。简言之，由于能够产生行业提升效应、竞争优势效应与市场关注效应（王善平和王灿，2022），创新投资吸引了更多管理者的注意力。而创新投资的成功关键之一在于保证充足、持续、稳定的资金投入，满足雇佣高素质研发人才、搭建高水平研发平台、购买先进研发设备、开展深层次组织学习等需要。相关统计表明，创业板上市公司接近九成属于强调创新投资的科技型企业，且聚焦于前沿性、能够产生较大市场溢出价值的突破式创新或颠覆式创新，更是需要大量、持续的资金支持其研发创新活动（廖理等，2021）。一般而言，融资渠道越多元化，融资结构越均衡化，越能够避免对某单一资金来源的偏倚，企业的资金来源就越有保障，抵御风险的能力也越强，从而有助于企业开展诸如创新投资在内的各种经营活动（陈紫晴和杨柳勇，2015）。反之，融资渠道越单一，融资结构越失衡，风险抵御能力越差，企业越容易遭遇资金困境，越难以维系日常的经营活动，价值链各环节协同性越差，经营失败的概率也随之升高。因此，融资结构的健康水平、融资渠道的畅通程度，在很大程度上影响了创业板上市公司创新投资的稳定性与持续性，关系到新技术的产出、新产品的研发、新商业模式的推广，最终将决定创业的成功率与成长性（于文超等，2018）。考虑创业板上市公司主要关注国家重点支持的战略性新兴产业，其战略决策与活动必然是企业自身、政府部门与市场结构等多种因素相互作用的结果（刘忆斐和王丽平，2021）。换言之，在金融市场日益完善与国家创新驱动发展战略持续发力的现实背景下，创业板上市公司可能存在内源融资、债务融资、股权融资、财政补贴与税收优惠五种差异化的融资渠道，而不同的融资来源有着不同的特征属性，对创新投资的影响也可能存在差异性（蔡贵龙等，2022；江笑云等，2019；Zeidan et al.，2018）。因此，有必要首先对融资渠道与创新投资之间的关系进行演绎探讨。

一、内源融资与创新投资

首先，依据优序融资理论，相对于高成本和高约束的外部融资，企业更愿意选择资金成本较低、支配性较强、限制条件较少的内源融资，即优先使用计提折旧、留存收益和未分配利润等作为创新投资活动的资金，减少对外部资金的依赖性，防止因外源融资不足所带来的不确定性与高风险（乔建伟，2020）。例如，孙早和肖利平（2016）基于战略性新兴产业上市公司的数据样本，通过考察企业融资渠道与自主创新之间的关系，发现计提折旧、未分配利润等内源融资有效丰富了企业的资金基础，补充了价值链活动中的现金流量，增强了企业的创新投资，刺激了技术创新活动。考虑在资本市场中外部融资的资金成本较高、自主支配性较弱、融资约束程度较大，而较强的内源融资意味着企业可以把更多的现金投入到研发创新活动中，保障企业的创新投资（王进富和张耀汀，2019）。尤其是，创业板上市公司早期是否注重创新投资、开展研发活动主要取决于企业自身所拥有的现金流状况，即所能获取的期望收益能否覆盖期望成本（张杰等，2022）。

其次，作为管理层非常重视的战略性活动，创新投资一旦失败而无法给企业带来价值，不仅意味着企业资金的损失与资源的损耗，对于管理层的声誉也可能造成一定的损害（孙德峰和范从来，2020）。然而，创业板上市公司在使用内源融资时一般只需要符合内部的相关规定，具有较强的灵活性与自主性，不用提供资产抵押，也无须对外披露相关信息，不会因创新投资失败而承担高额的负债，一般不会引致债权人的利益冲突，管理层因此而被解雇或被替代的风险也较小（李汇东等，2013；李善民和杨若明，2022）。需要指出的是，对于资金需求量大、发展速度较快的创业板上市公司而言，依靠内部资金开展研发一旦失败将损失有限的自有资金，长期来看也将影响到企业的融资结构健康与其他价值链活动，这就要求管理层与技术团队应当重视研发活动的精准性与成功率（Su and Kim，2022）。

再次，从理性经济人假设的视角来看，既有股东为了规避风险、实现自身利益的最大化，往往偏好更安全、更保守的投资方式，因此倾向于使用内部资金支持公司的研发活动（张一林等，2016）。如果企业所从事的行业领域符合国家创新驱动发展战略的需要、具有较好的市场发展前景、所投资的研发项目具有较高的回报率，既有股东更可能要求尽量使用内部资金，避免外部融资所带来的高额成本、财务风险或控制权稀释等问题，以减少自身收益受损的潜在风险（Giebel and Kraft，2019；潘海英和胡庆芳，2019）。

最后，研发活动所需的"知识"以及研发过程中所产生的"新知识"难以准确资本化，尤其是对企业核心能力培育发挥关键作用的隐性知识（tacit knowledge），具有内隐、黏性、复杂且较难编码等特征，量化的难度更大。并且研发成果的商业化变现周期较长，资本市场对其可能存在观望态度，意味着内源融资更是支撑企业开展研发创新活动所必不可少的资源来源（胡恒强等，2020）。例如，乔建伟（2020）研究我国创业板上市公司融资决策对企业创新绩效的影响发现，创新投资对于内源融资水平依赖度非常高，因此建议创业企业应当发挥内部融资的低杠杆与低成本优势，提高现金持有水平，使现金持有水平与内源融资形成良好的互动循环关系，从而保障研发创新活动的持续进行。

基于此，提出假设 H_1：

H_1：内源融资促进了创业板上市公司的创新投资，即创业板上市公司的内源融资水平越高，其创新投资强度也越高。

二、债务融资与创新投资

优序融资理论认为对于企业而言，银行、担保机构等所提供的债务融资是仅次于内源融资的资金选择，是支撑企业开展战略性活动的重要资金来源。内部融资主要取决于企业内部的留存收益，而留存收益与盈利水平息息相关。同时，盈利来源容易受到自身战略决策与外部因素的影响，导致内部资金来源不稳定，企业仅靠内部资金很难支撑大量的、持续的科研经费投入（Berkovitch and Kim，1990；张岭，2020；郑明贵等，2021）。尤其是一些研究认为创业板上市公司虽然在创新性、成长性等方面具有优势，但是盈利性往往受限，难以满足企业快速成长的需要。为了保证研发活动的持续，就需要通过外部融资渠道筹集资金。作为一种外源融资方式，债务融资是指企业基于还本付息的承诺，向个人或机构投资者出售债券或票据等、并提供抵押物获取经营所需的资金，具有短期性、负担性、流通性等特点（Boubaker et al.，2018；陈良华等，2019；Lemmon and Zender，2019）。当然，如果创新项目可以获得银行的授信，企业甚至不需要提供抵押物，可以根据经营状况在授信额度范围内自主协调贷款金额，保证企业灵活、便捷的资金来源（马光荣等，2014）。鉴于未来的盈利潜力与政策的偏好性，创业板上市公司往往也容易得到信贷市场的青睐（Song et al.，2011）。随着我国金融业的快速发展与银行业竞争的加剧，以商业银行为代表的金融机构成为给创业板上市公司开展信贷业务与提供借贷资金的重要力量，即债务融资渠道增加了创业板上市公司可选择与可利用的资金，保证有更多的资金被用于研发活动，进而提升了企业的创新投资强度（Giebel and Kraft，2019；于文超等，2018）。

基于此，提出假设 H_{2a}：

H_{2a}：债务融资促进了创业板上市公司的创新投资，即创业板上市公司的债务融资水平越高，其创新投资强度越高。

然而，债权人（资金提供者）与债务人（企业）也存在不愿意将债务融资资金用于研发创新活动的动机（Lemmon and Zender，2019）。首先，如果债务人将债务融资的资金投入到高风险性、高不确定性、长周期性的研发活动中，由于收益不确定导致债权人需要承担更高的投资风险，可能到期不仅无法获得利息回报，而且也影响了本金的收回（项桂娥等，2021）。因此，为了保证自身利益不受损，债权人可能要求债务人将债务融资资金尽可能地用于收益稳定、风险较小的日常经营项目，如扩大生产规模、增强市场推广、改善制造流程、提高生产能力等（Berkovitch and Kim，1990）。其次，研发活动具有调整成本高、信息不对称明显、研发周期性长、成果产出不确定，以及抵押产品有限等特征，导致债权人提供借款时会采取谨慎保守的态度，经常通过签订担保合同，并借助审计监督、预算控制及优先利益补偿等手段防范创新投资的可能风险（李真等，2020）。例如，陈良华等（2019）研究发现银行提供借款时，往往要求企业提供固定资产等抵押物担保，并对研发活动进行更为严格的筛选与监督，虽然限制了企业的盲目投资行为，防止一些无效率、无意义的创新活动，但也抑制了创新投资，尤其不利于风险与不确定性较高的突破式创新。迪亚蒙德（Diamond，1991）认为贷款机构如银行在提供借款之时会严格甄选企业的投资项目、排除亏损概率高的方案，只愿意贷款给未来收益较为确定的投资项目。因此，债权人会向债务人索取更多的债务融资利息，提升了企业债务融资的成本。再次，债务融资具有突出的"硬负债"特点，在投资期限、利率管制、风险偏好等方面更符合企业短期投资的需要（李真等，2020）。最后，在资金借贷时，债权人往往需要债务人提供固定资产作为抵押物，而研发活动所产生的成果主要是难以准确量化的无形资产，同时创业板上市公司所能提供的抵押资产比较有限，往往难以满足债权人的融资条件，这就限制了债务融资对创新投资的支持作用（陈良华等，2019）。

对于债务人（借贷企业）而言，首先，企业研发活动属于公司机密，为了避免商业机密泄露影响公司发展，研发创新的相关资料一般不对外公开，造成了债权人与债务人沟通不畅，形成严重的信息不对称现象。基于此，债务人往往需要向债权人支付更高的资金借贷利息与费用，即债务融资资金的使用成本较为昂贵。其次，如果研发投资是企业的战略重心，研发投资和债务融资的双重风险会进一步加大企业破产的风险（Cornell and Shapiro，1988）。考虑创业板上市公司普遍存在规模小、产业嵌入程度低、资金基础薄弱等劣势，一旦研发失败，不仅意味着资金投入的损失，还影响信誉与债务偿还能力，最终可能导致企业走向破产清算（潘海英和胡庆芳，2019）。最后，债务融资还会为企业带来后续的还本付息的现金流压力，抬升了融资成本与财务风险。尤其是在经济下行期间，通过银行获取的债务融资资金越多，企业高层往往倾向于将这些资金用于回报快、风险较小、预期确定的短期投资活动，而非见效周期长、不确定性程度高的研发活动（Giebel and Kraft，2019）。简言之，债务融资降低了企业创新活动的积极性，抑制了创新投资。

基于此，提出竞争性假设 H_{2b}：

H_{2b}：债务融资抑制了创业板上市公司的创新投资，即创业板上市公司的债务融资水平越高，其创新投资强度越低。

三、股权融资与创新投资

一方面，依据优序融资理论的基本观点，股权融资可能稀释既有股东股份、分散控制权、影响公司治理结构，是企业在融资决策时最不偏好的融资方式（胡恒强等，2020）。然而相比于债务融资中的债权人，股权融资中的投资者为了追求长期的可持续收益，对风险的容忍度更高、对风险的偏好性更强，因此更支持企业从事长期性、战略性、潜在高收益性的活动（张岭，2020）。股权投资者追求高风险所能带来的高收益，这与创业板上市公司创新投资所产生的可能结果（高收益性）高度契合，更能在投资期限与风险溢价方面与企业的研发创新产生协同效应（李真等，2020）。在证券市场上，公司通过上市融资，可以获得创新活动所需的外部资金，而投资者通过持股比例分享公司可能产生的收益或分红，即企业与投资者存在一致的价值目标（张一林等，2016）。同时，在组织治理结构完善的情形下，股东有权选择、更换企业的高管，也可以自由退股，并且监督公司的日常经营活动，促使管理层出于提升薪酬回报或者优化职业生涯等目的必须重视企业的战略性活动。此外，对于企业而言，股权融资不需要像债务融资一样，到期还本付息，一般不会导致企业陷入财务困境，为创新活动提供了较为稳定的现金流保障与"做事干事"的组织氛围。在实证分析方面，王进富和张耀汀（2019）针对战略性新兴产业的研究，发现进行股权融资的企业，管理层研发创新活动的意愿也更高，因此会有更多的资金被用于研发。

另一方面，股权投资者与债权人不一样，债权人的收益只与自己出借的本金相关，而股权投资者的收益与企业营业利润息息相关。相比低风险、低盈利的企业日常经营活动，股权投资者更重视发展的长期性与可持续性，因此往往偏好高风险、高收益的研发项目（王善平和王灿，2022）。股东即股权投资者，追求的是企业的总体收益与长期效益，同时在有效激励机制的作用下，企业经营者追求的个人利益与企业的总体利益趋于一致，更愿意把资金投入到研发活动。拉美尔等（Rammer et al.，2009）的研究表明，股权融资比例较高的企业，也更有动力在融资期限、融资规模、风险要求等方面匹配创新投资需要，从而增加创新投资支出。吴尧和沈坤荣（2020）研究认为，企业经营者和股东愿意将资金投入到能够提高公司整体发展水平的研发活动，获得具有战略竞争优势的技术产出，以实现企业的可持续发展，获得长期稳定的收益回报。虽然股权融资可能会稀释大股东对于企业的控制权，但外部力量的引入有助于企业治理结构的优化，能够避免公司的股份集中在少数人手里，防止"一股独大"侵害中小股东的合法权益，无形中提升了中小股东的话语权，有效增强了公司的内部治理机制建设，推动股东目标与管理层目标趋同（罗拥华和李一凡，2021）。在此局面下，形成了一个良性循环：外部投资者更愿意对企业进行投资，可以为企业研发活动吸引到更多的资金支持，而研发活动又可以提高企业在市场中的竞争能力，获取外部投资者的青睐。在实证研究方面，杨帆和王满仓（2021）通过对我国上市公司面板数据的研究发现，股权融资有效地避免了管理层短视行为，引导企业重视长期战略性投资，显著地强化了企业的创新投资与高质量创新。而宫兴国等（2015）、杜建华和徐璐（2019）、乔建伟（2020）等人基于创业板上市公司的经验证据，也验证了股权融资对企业的研发活动具有显著的正向影响，因此股权融资成为了创业板企业开展创新活动的必要保障。

基于此，提出假设 H_{3a}：

H_{3a}：股权融资促进了创业板上市公司的创新投资，即创业板上市公司的股权融资水平越高，其创新投资强度越高。

然而，企业通过股权融资吸引新的股东加入，虽然可以提升信息的透明程度，降低信息不对称问题，但也可能导致投机行为或管理层短视（Kraft et al.，2018）。尤其是在相对低效的我国资本市场，存在一定投机倾向的机构投资者更加关注股价的短期波动收益,而非通过高效的公司治理获取长期收益,从而放弃回报周期更长的研发创新活动(孙咏梅等,2022)。管理层短视理论则认为,基于被解雇的风险与薪资保障的需求,公司管理层不得不减少市场价值无法有效预估的长期投资,转向风险低的短期投资项目,以获得短期绩效回报。同时,管理层还需要避免因企业经营管理不善、整体绩效不佳,导致股权融资的高杠杆对研发创新活动带来的负面效应。孙德峰和范从来(2020)基于新能源汽车企业的研究发现,管理层为了提高企业在证券市场的表现,进而提升自己的社会声誉与薪资待遇,可能规避不确定性、非对称性、风险性较高的长期创新活动,将资金用于能够获得短期业绩与当前收益的价值链活动。对于股东而言,长期占用企业运营资本与业务经费的创新投资可能会影响企业当期的营业收入与利润,从而与追求投资回报的股东价值取向形成对立,对企业创新投资决策产生负面影响(李真等,2020)。在实证研究方面,基于2011~2013年236家中小板上市公司的面板数据,陈紫晴和杨柳勇(2015)发现股权融资负向影响了创新投资与成长性。而湛泳和王浩军(2019)在研究国防科技融资方式对其创新效率的影响时也发现,股权融资对国防科技创新效率有一定的抑制作用。

从股价崩盘风险的视角来看,2008年全球金融危机以来世界各国经济持续低迷、重大金融风险再次爆发的可能性逐步增加,投资者担心股价短时间内大幅度下跌造成大量投资损失的忧虑情绪愈加明显(苗文龙等,2021)。尤其,作为全球系统性金融风险原发地的美国不断地出台可能引发金融波动的各种货币政策,对全球其他国家的利率水平与经济运行产生了明显的市场传导效应(扬子晖和周颖刚,2018)。作为世界第二大经济体的我国股票市场与全球金融网络的联系非常紧密,"在危机期间,股票市场更容易遭受境外金融市场的风险传染"(何德旭等,2021)。而相比于主板上市公司，市值相对较小、专注前沿创新领域的创业板上市公司管理层出于获取高薪酬、构建商业帝国或优化职业生涯等私利目的，可能通过含糊其词的"文字游戏"、操纵网络互动平台的信息沟通渠道等方式策略性地诱导投资者往预设方向投资，隐藏公司的不利信息并极大渲染有利信息（李文贵和路军，2022）。一旦不利信息不断积累而被披露，将会引起投资者恐慌情绪与股价崩盘。为此，投资者对于大量资金用于研发活动、追求不确定价值回报的创业板企业往往持谨慎保守的投资态度，导致可用于研发活动的股权融资资金减少（Zeidan et al.，2018）。

基于此，提出竞争性假设 H_{3b}：

H_{3b}：股权融资抑制了创业板上市公司的创新投资，即创业板上市公司的股权融资水平越高，其创新投资强度越低。

四、财政补贴与创新投资

根据政府干预理论，在财政分权的机制下，地方政府在债务安排、税收管理与预算执行等方面具有一定的自主权限，政府官员往往有较强的市场干预意愿与干预能力，以推动本地区经济的快速发展，实现产业升级转型，进而为本地区创造更多的利益（König et al.，2022；Luo and Li，2015）。因此，作为经济活动的重要主体，具有较强发展潜力、创新能力与盈利能力的创新型企业也更容易获得财政补贴的青睐。对于创业板上市公司而言，财政补贴短期内有效地丰富了企业的资金基础，但其对追求长期收益的创新投资的作用仍然存在较多争议，特别是在国家高强度的研发补贴政策下，创业板的一些企业，如新闻媒体多次曝光一些新能源汽车企业、光伏发电企业等存在资金使用不当的行为，影响了政府专项资金作用的发挥。因此，政府补贴对创业板上市公司创新投资与创新活动的影响究竟如何是值得探讨的重要议题。通过梳理已有文献，发现财政补贴对创新投资的影响，存在"刺激效应"（正向激励作用）、"挤出效应"（负向抑制作用）等可能（吴伟伟和张天一，2021）。

刺激效应是指在不改变研发活动的倾向下，企业利用所得资金加大自身的创新投入，提升创新成功的可能性。一般而言，政府财政补贴对创新投资的刺激效应主要表现在三个方面：第一，政府提供的财政补贴有助于降低研发风险（Howell，2017；刘超和邢嘉宝，2020；樊利和李忠鹏，2020）。研发投资具有很明显的不确定性，包括研发技术不确定性和市场前景不确定性。这些不确定性大大打击了企业创新的热情与动力，而几乎"零成本"的财政补贴为不确定性的研发活动提供了试错的机会，弱化了可能面临的投资风险，引导企业重视研发活动。第二，财政补贴补充了资金来源，丰富了可支配使用的资金，激励了企业的创新行为（郑江淮和张玉昌，2019；梅冰菁和罗剑朝，2020；周泰云，2020）。研发创新活动前期投入大，不仅影响了价值链其他环节（如价值攫取活动的广告营销）的资金分配、给企业造成了一定的财务负担，而且创新产品的成本过高，压缩了盈利空间。财政补贴作为无成本的直接资金来源，丰富了企业的资金基础，进而改善了财务状况，同时降低了创新产品的成本分摊，更有利于创新产品后期的优化与推广。第三，政府提供财政补贴具有一定的信号传递效应：企业获得财政补助，释放的积极信号有利于企业获得外部投资者的青睐，证明了企业的研发项目符合国家战略需要、具有较高的投资价值，因此能够为企业吸引到更多的外部投资（Kleer，2010；汪军，2019；夏清华和何丹，2020；严若森等，2020）。这是因为企业与市场信息不对等，投资者处于信息劣势的一方，对企业存在信息盲区，如果企业想要获得外部投资，就要取得投资者的信任。具体来说，财政补贴的积极信号传递作用体现在：（1）政府向企业研发提供财政补贴，向外界投资者释放了企业研发项目发展态势良好的信号。作为履行宏观经济调控职能的主体，政府会对申请财政补贴的企业研发项目进行严格的评估、审核，尽可能避免企业通过"弄虚作假"刻意满足政府的相关要求。因此，如果获得了政府的财政补贴，往往象征着企业的核心研发能力和创新项目的发展前景等得到了政府的认可，对于外界投资者而言是比较好的投资机会（王善平和王灿，2022）；（2）政府为企业的研发活动提供财政补贴，意味着要对研发项目进行持续跟进、监管与评估。在政府严格的监督下，企业必须认真审视创新投资的效率性、效益性与经济性，不会轻易放弃该研发项目，一定程度上降低了投资者的投资风险（柳光强，2016）；（3）政府向企业提供财政补贴，也表明企业与政府之间保持较好的联系，而企业拥有政府的"背书"也增强了追求不确定性、获取高收益性的决心。换言之，政府不仅提供直接资金有效地鼓励企业进行创新活动，而且也反映了企业所从事的研发项目符合国家战略需要、具有较强的政策属性，即企业与政府保持了密切的关系（伍健等，2018）。这些信号为企业获得更多资金提供了机会，从而激发了企业对研发活动的投资力度。

基于此，提出竞争性假设 H_{4a}：

H_{4a}：财政补贴促进了创业板上市公司的创新投资，即创业板上市公司所获得的财政补贴力度越大，其创新投资强度越高。

"挤出效应"（crowding-out effect）是指随着资本在企业活动中的重要性日益上升，作为扩张性财政政策的财政补贴增加将导致资本利率上升，从而造成私人投资减少，最终影响了企业的创新投资（吴伟伟和张天一，2021）。主要的原因如下：第一，一定时期内社会财富总量是确定的，政府通过向公众（企业、居民等）或者银行等借款实行扩张性财政政策，必然引起借贷利率上升、借贷资金需求竞争加剧，从而导致非政府部门支出的减少，即企业可用于研发活动的资金也随之减少。第二，政府一般只负责按照相关政策法规发放财政补贴，即使需要对申请财政补贴的企业进行审核与甄选，但作为"局外人"的政府部门及其工作人员很难准确把握企业资金使用的效率性、效益性与经济性，导致财政补贴难以发挥应有的政策干预效果（白旭云等，2019）。同时，财政补贴是一种稳定、无偿的资金来源方式，因此企业会在经营决策时做出迎合政府需要的研发项目，着眼于"热点"，而忽略了企业的内部资源禀赋与实际市场需求，从而影响了企业的长期发展。例如基于 2008 ~ 2017 年的高新技术上市公司数据，张广婷和任斯南（2021）研究发现，财政补贴通常被动机不纯的企业所挪用，助长了许多没有实力的"巨婴"企业，造成了财政补贴效率的极大扭曲，打击了真正需要政府扶持的企业的研发热情。第三，政府的财政补贴政策可能导致企业产生研发依赖与惰性（毛其淋和许家云，2015），扭曲了市场在资源配置中的作用，引起企业经营机制紊乱，不利于培育长期的战略竞争力。赵兴明等（2020）研究发现政府的财政补贴在短期内虽然能有效地补充了企业的研发经费，但是也可能破坏组织内部机制与资金均衡安排，挤出了企业内部与私人部门的资本投资，导致创新投资对政府产生过度依赖，整体的创新投资水平下降。第四，企业可能将政府的财政补贴列为创收项目进行寻租（Blanes and Busom，2004；樊利和李忠鹏，2020）。财政补贴属于直接补贴的创新政策，表现为政府直接向企业提供现金支持，而如果政府对这些资金的使用监管不严，企业就可能将其挪用于其他经营活动（如引进新设备、扩大生产规模、开发市场渠道等），从而挤占了应有的研发资源、降低了创新投资的力度。

基于此，提出竞争性假设 H_{4b}：

H_{4b}：财政补贴抑制了创业板上市公司的创新投资，即创业板上市公司所获得的财政补贴力度越大，其创新投资强度越低。

五、税收优惠与创新投资

作为政府干预经济活动的另一种重要政策工具，税收优惠政策通过直接透明公开的方式为纳税企业提供税收优惠性政策，但前提是该企业的各项指标诸如从事领域、交易额、专利数等需要达到相应的标准。与财政补贴类似，税收优惠对于创新投资的作用，也存在以下两种观点："刺激效应"（正向激励作用）与"挤出效应"（负向抑制作用）。

"刺激效应"（正向激励作用）观点认为税收优惠对创新投资存在积极的正向刺激作用。例如，石绍宾等（2017）基于A股上市公司的面板数据，运用倾向得分匹配（PSM）方法和多元线性回归模型，验证了税收优惠政策对企业创新投资及产出的显著激励作用。利用2007～2017年沪深A股上市公司的数据，卫舒羽和肖鹏（2021）发现税收优惠与财政补贴对企业的研发创新活动均有显著的刺激效应，且税收优惠的激励作用优于财政补贴，因此建议优先使用税收优惠政策引导企业的研发创新。主要的原因如下：第一，税收优惠通过影响利率、加速折旧等降低企业的成本费用，缓解了企业的资金压力，间接地增加了可用资金，激发了企业加大创新投资的动力。换言之，将科研创新的成果与税收优惠相结合有助于发挥企业创新的积极性，具有长期稳定的激励效应（肖建辉，2022）。例如，许景婷等（2012）选取2009～2010年55家沪深上市的制造业与信息技术业上市公司的样本，实证分析表明税收优惠在一定程度上刺激了企业增加R&D投入经费，增强了创新投资。江笑云等（2019）基于高新技术行业微观企业的税收减免数据分析发现，税收优惠可以节约企业的现金流，降低研发成本，提高研发资金的使用效率。第二，税收优惠为企业贴上了"优质"的标签，有助于构建制度合法性，进而降低研发风险（严爱玲等，2021）。例如，徐晔等（2021）在国家税务总局 2014 年与 2015 年允许六大行业和四个重点领域制造业企业实行加速折旧政策的背景下，采用多期双重差分模型（DID）检验发现了税收优惠政策能够提升企业的市场认可度、弱化创新的不确定性风险。第三，政府对申请税收优惠支持的企业进行了严格的筛选、审批与监督，可能传递一种积极的信号、产生"认证"效应：企业所从事的领域符合国家创新驱动高质量发展的战略需要，得到了国家的大力扶持，具有良好的前景，从而坚定了投资者的信心，引导外部投资者为企业提供更多的资金支持，丰富了企业的资金基础，进而刺激企业提高创新投资力度（谢林海等，2022）。

基于此，提出以下假设：

H_{5a}：税收优惠促进了创业板上市公司的创新投资，即创业板上市公司所获得的税收优惠力度越大，其创新投资强度越高。

"挤出效应"（负向抑制作用）观点认为税收优惠也可能抑制创新投资。首先，税收优惠政策属于"无形的手"，由于税收优惠政策泛化的"一刀切"优惠条件和不能针对特定企业进行实质审查的特点，使得其很难对企业的创新成果和创新质量进行精准监督，不利于激励企业的高质量创新（丁方飞和谢昊翔，2021；Meuleman and De Maeseneire，2012）。例如，刘兰剑和张萌（2021）选取 2010~2018 年中国新能源汽车产业上市公司数据，构建面板门槛模型，发现作为我国重点扶持的战略性新兴产业，甚至出现了"骗退税"的情形，即企业通过虚构研发经费支出、虚报创新成果等方式骗取税收优惠。其次，在市场信息不对称的情况下，政府对于申请税收优惠企业的审核可能会受到一些信息误导，真正需要税收优惠的企业被排除在外，造成"劣币驱逐良币"的情形出现，打击了企业研发活动的积极性。例如，塔塞等（Tassey et al.，2007）研究发现由于政府与企业之间信息不对称，导致税收优惠无法准确匹配创新活动，甚至挤压了创新投资的经费。最后，在现行的 GDP 指标考核体系下，一些政策制定者追求"短平快"的作用，可能导致政府与企业共同追求自身效用的最大化，并不利于税收优惠发挥对创新投资的长期刺激效应（柳光强，2016）。

基于此，提出以下假设：

H_{5b}：税收优惠抑制了创业板上市公司的创新投资，即创业板上市公司所获得的税收优惠力度越大，其创新投资强度越低。

第二节　融资约束的中介效应

如前所述，内源融资、债务融资、股权融资、财政补贴、税收优惠等资金渠道可能促进或抑制创业板上市公司的创新投资。在完全信息对称的完美资本市场（没有税收、不考虑交易成本、企业贷款利率相同等）条件假设下，内源融资和外源融资的成本一致，因此企业决策者只需要考虑投资需求，而不需要考虑投资成本问题。然而，现实中并不存在真正意义上的完全信息对称与完美市场，意味着企业必然要面临融资约束困境（Meuleman and De Maeseneire，2012）。根据信息不对称理论，融资成本高产生的根源是由于信息不对称导致企业在信贷市场上无法实现所需的信贷配给，进而产生融资约束困境。赫尔斯和威斯万纳萨（Hirth and Viswanatha，2011）认为在不完美市场中内外部融资成本存在差异，并且外部融资成本高于内部融资成本，导致企业投资对内部现金流产生高度依赖。若要获得外部融资，企业往往需要支付更高的成本费用与风险溢价，造成内外融资成本差异，无法维持有效的资金流动性，因此形成了融资约束问题。简言之，融资约束是指在不完美的资本市场中，由于信息不对称和代理成本等问题的存在，形成内外部融资成本的差异，致使企业想要获得外源融资必须支付更高的成本（Bernini and Montagnoli，2017）。一旦外源融资成本超过企业的承受能力，同时内源融资能力不足，将导致企业投资低于最优水平，形成企业研发的融资约束。因此，考虑企业需要面临长期性、结构性的融资成本较高的困境，本书引入了中介变量融资约束，探析融资渠道影响创新投资的作用机制。

一、融资约束与创业板上市公司创新投资

企业技术创新需要大量的资金，在财务报表上主要表现为创新投资支出。融资约束的产生主要是由于企业内部现金流不足，为了开展正常的经营活动不得不寻求融资成本较高的外部资金支持，即内外部资金的成本差异造成了融资约束困境。MM 理论认为在完美的资本市场中，不存在信息不对称问题，不同渠道来源的资金成本相同，不存在融资约束问题（胡杰和秦璐，2013；Suhardi and Afrizal，2018）。然而，现实中并不存在完全的信息对称与完美资本市场，融资约束是企业不得不面对的现实问题。企业一旦面临严重的融资约束困境，资金使用成本较高，往往更偏好收益相对稳定的短期经营活动，规避收益不确定、回报周期长的创新活动，从而抑制了创新投资（刘惠好和焦文妞，2022）。而坎佩罗等（Campello et al.，2010）的研究也表明，陷入融资约束困境的企业往往采用减少雇佣人数、降低资本运作、弱化研发投入、回避技术创新等管理模式，以维持日常的运营活动，这也反映了融资约束对于创新投资的负向作用。

基于此，提出以下假设：

H_6：创业板上市公司的融资约束抑制了创新投资。

二、融资约束在内源融资与创业板上市公司创新投资关系中的中介作用

作为创新投资最可靠、最直接的资金来源，内源融资无须支付相关的利息费用，也不需要受到借款方的相关条件约束，具有低成本性、高灵活性、可获得性、抗风险性等特点（Zeidan et al.，2018）。换言之，企业可利用的内部资金越多，企业创新活动所需的外部资金就越少，为筹集外部资金所需支付的成本就越低，对市场融资的依赖性就会大大减弱，企业面临的融资约束程度也会有所缓解，有助于防止创新投资活动受限于融资困境。因此，经营绩效稳定、财务收益良好的创业板上市公司可用通过增加留存收益、计提折旧等方式提升内源融资能力，缓解所面临的融资约束困境，进而扩大研发空间，丰富创新项目的选择。例如，吉尔贝尔和克拉夫特（Giebel and Kraft，2019）发现融资约束的存在会抑制企业的创新投入水平，但通过优化内部融资路径可以缓解其对企业创新活动的消极影响。

基于此，提出以下假设：

H_{7a}：内源融资降低了创业板上市公司所面临的融资约束程度。

H_{7b}：内源融资通过降低创业板上市公司的融资约束程度，进而促进创新投资，即融资约束在内源融资与创新投资之间起中介作用。

近年来，一方面，随着国家创新驱动经济高质量发展战略的持续发力，出台了一系列相关的政策文件鼓励创新创业活动（肇启伟，2021）。与我国经济快速发展相适应的是，金融市场也实现了较为快速的发展，形成了大型股份制银行、政策性银行、城市商业银行、农村商业银行、村镇银行等多层次、全方位的金融供给体

系，降低了银行业的集中度，弱化了银行在信贷活动中的强势地位（李汇东等，2013；苗文龙等，2021）。在此情境下，为了抢夺市场份额，银行业竞争开始加剧，倒逼各类银行必须转变经营思路，与企业构建和谐稳定的银企关系，提升服务意识，降低企业的融资利率，构建全方位的金融服务平台，从而为创业板上市公司的借贷活动提供了更多的资金来源，增强了资金的可获得性，降低了债务融资资本的获取成本，在一定程度上预防因资金来源不足而造成的融资约束困境与结构性融资失衡问题（范从来，2016；吴尧和沈坤荣，2020）。另一方面，根据信号传递效应，在银行业竞争日益激烈的现实背景下，创业板上市公司的快速成长性、典型创新性等特征意味着可以通过开发新技术、新产品、新工艺、新流程等吸引更多的供应商与顾客，从而提升了行业地位与话语权（王善平和王灿，2022），也更容易获得银行等投资机构的认可，后者为了追求借贷关系的稳定与质量往往愿意以更低的借贷成本为创业板上市公司提供资金支持，降低了资金的使用成本。即银行业竞争通过缓解融资约束困境、降低融资成本，促进了创业板上市公司的创新投资（张璇等，2019）。简言之，在国家强调金融服务实体经济发展、发挥资本推动高质量创新的政策引导下，债权人所提供的资金成本逐渐减低，有助于缓解创业板上市公司的融资约束困境。

基于此，提出以下假设：

H_{8a}：债务融资降低了创业板上市公司的融资约束程度。

H_{8b}：债务融资通过降低创业板上市公司的融资约束程度，进而促进创新投资，即融资约束在债务融资与创新投资之间起中介作用。

作为主要关注战略性新兴产业、强调技术创新的企业，创业板上市公司已经吸引了大量投资者与创业者的关注（Vismara，2018）。然而，由于新创企业的资源禀赋往往较为欠缺、制度合法性相对较弱、组织脆弱性比较突出，一系列的"新进入者劣势"限制了企业的债务融资能力，导致融资成本升高，容易遭遇严重的融资约束困境（范意，2019；Thomas and Maine，2019）。特别是对于创业板上市公司的早期研发，可供抵押的固定资产有限，同时创新成果难以作为抵押品，利润产出存在较大的不确定性，导致银行等债权机构为创新活动提供资金的意愿大大降低。此外，近年来由于我国 GDP 增长速度有所放缓、新一轮全球金融危机爆发的风险不断增大，银行等相关债权人为了降低不良贷款率、提高资金回收可能性，往往制定了更苛刻的放贷条款，例如需要对创业板上市公司的合法性、信用评级、经营状况、质押物品、战略前景等多个方面进行更加严格的审核评估（肇启伟，2021）。同时，在我国当前的信贷市场中，银行等借贷方仍然处于强势的卖方地位，导致企业容易遭遇比较严重的融资约束程度，妨碍了企业的创新活动（张璇等，2019）。尤其是当企业面临更大不确定性、更多资金需求之时，银行等借贷机构会向企业收取更高的利率，抬升了资金的成本，导致企业的创新投资遭遇更严重的融资约束。换言之，面对严重的资金压力，创业板上市公司往往只能以更高的代价（如高于市场的利息、昂贵的手续费用）才能获得充足的债务融资，抬升了企业的融资成本，恶化了财务状况（Boubaker et al.，2018）。同时，债务融资还会带来后续的还本付息的资金压力，进一步增加了创业板上市公司的融资约束困境，从而抑制了企业的创新投资与研发活动（陈良华等，2019）。

基于此，提出以下假设：

H_{8c}：债务融资加重了创业板上市公司的融资约束程度。

H_{8d}：债务融资通过加重创业板上市公司的融资约束程度，进而抑制创新投资，即融资约束在债务融资与创新投资之间起中介作用。

在股票市场上，没有抵押品的公司可以通过 IPO、风险投资

（VC）、天使投资和私人股本等渠道获得长期股权投资（Drover et al.，2017）。上市公司通过发行新股进行股权融资，目的是获取长期稳定的现金流，降低企业的融资约束程度，提高企业竞争优势，保证后续产能扩张、创新项目开展和商业化应用所需的资金支持。股权融资获取的资金也无须像债务融资一样要偿还债款，也不像债务融资的债权人会对资金使用进行诸多限制（张岭，2020）。当创新活动失败时，也无须企业独自承担风险，由股东共同承担创新失败的风险。因此，股权融资筹集到的资金给企业的压力要小，更能给予企业管理者一个干事创业的空间与氛围，这势必会影响到企业创新项目的成功的可能性。例如，通过对我国制造业上市公司研发投资的研究，郭园园和成力为（2019）发现，在未进行 IPO 之前如果融资约束程度较高，公司更愿意进行股权融资来缓解企业的资金压力，增加企业对创新活动的投入。而蔡贵龙等（2022）基于投资者—上市公司互动平台的数据，发现投资者与公司的信息互动质量（回复比率、回复质量、回复时长等）越高，越有助于弱化信息不对称现象，进而降低权益融资的成本。简言之，对于急需大量资金支持创新投资与可持续发展的创业板上市公司而言，股权融资能缓解企业融资约束，在一定程度上弱化融资难题，促进企业创新投资的稳定性。

基于此，提出以下假设：

H_{9a}：股权融资降低了创业板上市公司的融资约束程度。

H_{9b}：股权融资通过降低创业板上市公司的融资约束程度，进而促进创新投资，即融资约束在股权融资与创新投资之间起中介作用。

然而，根据信息不对称理论，为了保护商业机密，企业往往不愿过多披露研发信息，导致企业与投资者之间存在信息差异，产生严重的信息不对称问题（Giebel and Kraft，2019）。鉴于无法准确评估企业的投资风险与预期收益，投资者购买企业股票的意愿将会大大降低，造成股权融资不足，导致创业板上市公司不得不面对严峻的融资约束困境，形成了较高的融资成本，从而对不确定性与风险性较高的长期投资项目持谨慎态度，进而抑制了创新投资。同时，股权属于权益类投资，股利从企业的税后利润中进行支付，不具有节税减税的作用，因此当股权融资规模过大之时，企业必须承担较高的股权融资成本，加重了融资约束的程度，进一步抑制了创新投资。例如，范意（2019）基于 2012～2017 年 339 家创业板上市公司的研究发现，当前我国创业板上市公司的股权融资规模偏高、比重过大，而其他融资来源相对不足，导致融资结构失衡、融资约束问题比较突出，影响了企业的战略投资决策与活动，不利于增加追求长期价值的创新投资。

基于此，提出以下假设：

H_{9c}：股权融资加重了创业板上市公司的融资约束程度。

H_{9d}：股权融资通过加重创业板上市公司的融资约束程度，进而抑制创新投资，即融资约束在股权融资与创新投资之间起中介作用。

依据政府干预理论，政府干预市场经济的活动具有一定的信号传递效应，能够缓解借贷双方信息不对称的问题（严爱玲等，2021）。作为政府干预行为最常见的两种表现形式，财政补贴与税收优惠均向市场传递了一种积极的信号，即该企业的创新项目符合国家的政策需求、具有较高的投资价值和增长潜力，从而引导外部投资者对该企业进行投资，降低了融资成本，增加了企业的现金流量，缓解了融资约束困境（江笑云等，2019）。例如，李启平和赵豪（2022）基于 2010～2020 年 127 家装备制造业上市公司的面板数据研究发现，税收优惠有效地降低了企业的生产成本、提高了融资能力，缓解了融资约束，强化了研发活跃度，达到了降低金融风险与研发失败概率的战略目的。而于文超等（2018）的研究证明，税收征管提升了企业的税收负担，显著恶化了融资约束状况，而非正规支出的增加导致可用于研发活动的资金受到"挤占"，提升了整体金融风险与杠杆水平。换言之，政府干预行为的存在，可以增强投资者的信心，引导投资者加大对企业研发活动与创新项目的支持，进而降低融资约束带来的负面作用，进而刺激企业进行创新活动（柳光强，2016）。

基于此，提出以下假设：

H_{10a}：财政补贴降低了创业板上市公司的融资约束程度。

H_{10b}：财政补贴通过降低创业板上市公司的融资约束程度，进而促进创新投资，即融资约束在财政补贴与创新投资之间起中介作用。

H_{10c}：税收优惠降低了创业板上市公司的融资约束程度。

H_{10d}：税收优惠通过降低创业板上市公司的融资约束程度，进而促进创新投资，即融资约束在税收优惠与创新投资之间起中介作用。

然而，获得政府财政补贴或者税收优惠的企业也可能被认为所在产业属于处于起步阶段、需要重点扶持的新兴行业，对政府政策的依赖度较强，市场运作机制不够成熟、相关产品的销售前景不明，失败概率比较大（白旭云等，2019；Takalo and Tanayama，2010）。对于创业板上市公司而言，大部分属于追求前沿创新的新兴产业，研发、产品、市场、产出等要面对较多的不确定性因素（池仁勇等，2021）。因此，基于理性经济人的假设，资本市场对于获得财政补贴或税收优惠的相关产业可能持慎重保守的态度，偏向于采用审慎的投资决策，以规避潜在的资本风险，抬高了资金的使用成本，导致创业板上市公司遭遇更加严重的约束融资困境，从而减少了创新投资的可用资金（Bernini and Montagnoli，2017）。

基于此，提出以下假设：

H_{11a}：财政补贴加重了创业板上市公司的融资约束程度。

H_{11b}：财政补贴通过加重创业板上市公司的融资约束程度，进而抑制创新投资，即融资约束在财政补贴与创新投资之间起中介作用。

H_{11c}：税收优惠加重了创业板上市公司的融资约束程度。

H_{11d}：税收优惠通过加重创业板上市公司的融资约束程度，进而抑制创新投资，即融资约束在税收优惠与创新投资之间起中介作用。

第三节　营商环境的调节效应

作为企业外部治理的重要内容与企业赖以生存的生态系统，营商环境是指可能影响市场主体活动方式与行为结果的市场环境、政务环境、法治环境等外部各种相关因素与条件的总和，其优劣直接影响了各类资源要素的聚散、市场活动主体数量的增减、经济活力的强弱（许玲玲等，2021）。情境理论认为企业所处的营商环境质量越高，说明该地区的行政审批手续越简化、法律法规制度越完善、公共服务水平越高、资源配置的精确性越强、发生决策扭曲现象的可能性更低，因此对于企业而言，不确定性因素更少，投资风险更小，资本的回报率也相应更高（Stein，2003）。这是由于良好的营商环境代表着管制、规定、道德和伦理规范等制度较为健全合理，能够保障市场主体通过自主交易实现收益，防止资源的无序配置与不当配置，避免投资过度或投资不足等现象的出现，从而降低了市场主体的交易成本、试错成本、时间成本与制度风险（杜运周等，2022；刘娟和唐加福，2022）。然而，我国地理区域跨度较大，各个地区经济发展水平与营商环境良莠不齐，导致市场配置效率、金融资源禀赋、制度完善程度、政府财政政策、税收优惠措施等均存在一定差异，这对创业板上市公司的融资渠道与创新投资之间关系存在影响的可能（许为宾等，2018；赵云辉等，2019）。因此，国家也从制度层面强调了要通过制定进一步优化营商环境、降低制度性交易成本的相关措施，持续为市场主体减轻负担、创造活力，引导创新型、创业型企业积极开展研发与创新活动，服务于我国的经济高质量发展。为了探讨营商环境在融资结构与创新投资之间的调节作用，本书借鉴王小鲁等（2020）的观点，主要从市场化水平、法治化水平与政府治理水平三个维度①衡量营商环境的质量。其中，市场化强调要遵循社会主义市场经济的运行规律，破除不合理的体制机制障碍，打破地方保护主义和市场割裂行为，不断增强市场在资源配置中的主导性作用；法治化聚焦于完善产权保护机制、规范执法、废止不符合规定的法规、规章和规范性文件等内容，进而增强市场主体预期、激发创新创业的积极性；政府治理则重视提高政务服务水平、增加公共产品、补齐公共服务短板、减少行政资源对市场直接干预、打造政府服务标准化规范化透明化等内涵建设（国务院发展研究中心课题组，2022）。

一、市场化水平的调节效应

近年来，营商环境在创业活动中的重要性已经成为学术界研究

---

① 根据国家发改委组织编写的《中国营商环境报告2021》，国务院于2020年印发了《关于取消和下放一批行政许可事项的决定》以提高市场化水平，夯实打造一流营商环境的基础；国务院有关部门和各地区已累计修订废止不符合《优化营商环境条例》（2019年10月颁布）规定的法规、规章和规范性文件等约1000件，强化了营商环境的法治化进程建设；在政府治理水平方面，政府有关部门坚决执行"惠企纾困"的相关要求，持续开展清理拖欠民营企业与中小企业账款的专项行动，并大力保护中小投资者的合法权益。

的热点，而市场化水平则是营商环境优劣程度的重要体现与关键维度（吴长征，2019）。作为社会主义市场经济体制建设的重要内容，市场化水平体现了市场在资源优化配置中所起的主导作用，反映了企业所处外部经济环境的质量高低，对微观层面的企业融资决策质量与结果具有较大的影响（刘瑞，2019；张多蕾和邹瑞，2021）。尤其在以市场化改革为导向的改革开放基本国策的刺激下，我国普通民众劳动致富的动力与创新创业的精神被充分释放（张杰等，2022），更是突出了市场化水平在经济高质量发展与投资高效率产出的引领性意义（徐礼伯和沈坤荣，2022）。

首先，从信号传递的角度来看，市场化水平高的地区，强调市场的积极信号作用，往往代表着信息更加透明、传递更加通畅、失真的可能性更低，可以减少信息不对称所带来的资金错配、降低融资的资金成本、提升融资的效用产出（李善民和杨若明，2022；司海平等，2021）。对于企业而言，较高的市场化水平缓解了企业与投资者之间信息不对称所带来的冲突，更有助于企业获得外部资金的支持，有效补充了企业发展的资金需求，增加企业经营决策的自主性与均衡性。相反，在市场化水平较低的地区，投资者和企业之间信息不对称问题颇为突出，政府干预往往难以实现预期目标，即便是政府为某些企业、行业发展提供了政策支持，外部投资者也可能对这种信号持有消极态度，导致外源融资效用受到极大影响（Zhu et al.，2012）。例如，许玲玲（2021）研究表明，市场化水平显著调节了税收优惠与企业技术创新之间的关系，即市场化水平高的地区，企业的经营决策更贴近市场的需求，政府所制定的税收优惠政策对企业技术创新的刺激作用更明显。

其次，从资源配置的角度来看，市场化水平低的地区，要素市场化改革滞后于产品市场化改革，形成了"市场不对称"的低效率现象，要素扭曲程度增加，将削弱融资渠道对创新投资的预期作用

（张杰等，2022）。2020 年的《中共中央、国务院关于构建更加完善的要素市场化配置体制机制的意见》提到，"同商品市场相比，要素市场发育还不充分，存在市场决定要素配置范围有限、要素流动存在体制机制障碍、要素价格传导机制不畅等问题。这影响了市场对资源配置决定性作用的发挥，成为高标准市场体系建设的一个突出短板"。对于资金条件相对有限、强调资本运作效率的创业板上市公司而言，更是要发挥市场在资源配置中的主导性作用，才能够保证有限资金使用的效率性与效益性（蔡贵龙等，2022；董孝伍，2018）。而如果市场出现失灵现象，企业则更依赖于使用内部自有资金进行创新投资，对企业内源融资能力提出了较高的要求。因此，资源配置效率的视角也表明市场化水平对于融资渠道与创新投资之间关系存在影响的可能。

最后，从市场竞争的角度来看，市场化水平高的地区，更能吸引有竞争力的市场主体参与经济活动，激励企业必须重视创新投资与创新活动以获得前沿技术，培育战略性竞争优势，以在激烈的市场竞争中立于不败之地。竞争是市场经济的基本特征与准则，是实现市场主体优胜劣汰、推动生产要素优化配置的关键（金宇超等，2016）。在竞争条件下，企业为了实现利益最大化，获取更多的资源支持，就必须主动参与竞争，并在竞争中立于不败之地。换言之，良好的市场环境对创新创业者具有较强的吸引力，引导企业重视研发资金的使用效率与效益，通过研发与创新获得"先行者优势"、提高自身竞争力（Jaffe，1988）。例如，李玉刚等（2022）研究发现，市场化水平更高的地区，更容易推动新兴产业的发展，而企业为了抢占新兴领域的市场，必须开展创新活动，必然重视资金的配置，才能够研发出了符合市场需求与消费者偏好的产品或服务。进一步地说，具有较强竞争优势的产品或技术，不仅可以满足当前的显性需求，抢占已有的市场份额，而且还能够激发潜在隐性需求，激起顾客消费的欲望，开辟新的业务增长点（徐礼伯和沈坤荣，2022）。利用2008～2014年国家统计局《全国创新调查企业数据库》的创新统计数据，张杰等（2022）使用典型事实与局部静态均衡模型也发现，较低的市场化水平影响了地区资源要素的合理流动，产生了比较严重的资源错配现象，抑制了地区微观企业的研发效率。简言之，市场化水平越高的地区，不仅企业的研发意愿越强，越重视融资资金的使用效率，而且金融服务企业经营活动的效率性也越高，创新活动偏离预期目标的可能性越低。

基于此，提出以下假设：

H_{12a}：市场化水平调节了内源融资与创业板上市公司创新投资之间的关系。

H_{12b}：市场化水平调节了债务融资与创业板上市公司创新投资之间的关系。

H_{12c}：市场化水平调节了股权融资与创业板上市公司创新投资之间的关系。

H_{12d}：市场化水平调节了财政补贴与创业板上市公司创新投资之间的关系。

H_{12e}：市场化水平调节了税收优惠与创业板上市公司创新投资之间的关系。

二、法治化水平的调节效应

党的十八届三中全会通过的《中共中央关于全面深化改革若干重大问题的决定》明确提出了"建设法治化营商环境"的目标，反映了法治化是优化营商环境的关键方向与重要内涵。首先，从交易成本的角度来看，法治化水平高的地区，为创业板上市公司的财产安全、资本运作、战略活动（如创新投资）提供了更多的制度保障。随着市场不确定性因素的不断增加，企业卷入诉讼的可能性持续扩大，涉诉案件次数与金额不断增加，给当事企业带来了包括律师费、诉讼费与败诉所需承担的赔偿费用等在内的巨大资金负担（司海平等，2021）。完善的法律法规不仅能够约束公司自身的行为，也能够规范政府的干预行为，要求市场参与者都在遵纪守法的框架下开展相关活动，进而构建了对外开放、包容，对内公平、公正的竞争环境，避免不必要的法律纠纷困扰市场活动主体，降低了市场交易的成本，推动企业开展战略性投资、追求长期性收益（张多蕾和邹瑞，2021）。吴超鹏和唐菂（2016）指出法治化为要素市场化、资源精确化提供了必要的制度保障，确保企业的投资行为与投资结果更多地取决于市场反应与需求导向，而非人为的过度干涉。

其次，从司法公正性的角度来看，较高的法治化水平往往说明了律师事务所、律师人数占当地人口的比例比较高，社会的整体法治意识较强。这对于经济权益的保护、经济纠纷的解决、经济案件的结案率有着直接的影响，是建设更加公正、高效、权威的社会主义司法制度在经济领域的具体体现（赵云辉等，2019）。最高人民法院和国家发展和改革委员会 2020 年联合发布的《关于为新时代加快完善社会主义市场经济体制提供司法服务和保障的意见》指出"完善市场主体司法保护机制，进一步增强微观主体活力；加强产权司法保护，夯实市场经济有效运行的制度基础……建设具有中国特色、更加适应市场经济需求、便捷高效的矛盾纠纷化解机制"。随着社会主义司法体系的进一步完善，司法的公正性与效率性不仅为企业安心开展经营活动注入了"强心剂"，引导企业积极利用法律武器保护合法权益不受侵害，而且也有助于减少自身违法违规行为发生的概率，弱化资金不当使用或低效配置的风险，确保资金用于企业的正常经营活动，最终提升创新投资等活动的投资效率与结果产出（梅冰菁和罗剑朝，2020）。

最后，从知识产权保护的角度来看，法治化水平代表着知识产权、技术产出与品牌保护的力度较高，降低了创新成果被侵权的风险，促使企业倾向于披露研发活动的相关信息，以弱化信息不对称问题，进而增加外源融资对研发活动的支持力度（郭艳，2022）。这是因为在错综复杂的市场交易中，开展创新投资与技术研发的企业面临陷入知识产权纠纷的风险，而较高的法治化水平夯实了知识产权运用的法治基础，代表着知识产权主体在依法获权、依法维权、依法用权等方面有更好的制度保障，同时严厉打击了侵犯知识产权的违法犯罪活动，有效减少了个体收益低于社会收益的"公地悲剧"发生概率，最终激励企业将更多的资金用于创新投资活动（笪琼瑶，2022；魏浩和李晓庆，2019）。

基于此，提出以下假设：

H_{13a}：法治化水平调节了内源融资与创业板上市公司创新投资之间的关系。

H_{13b}：法治化水平调节了债务融资与创业板上市公司创新投资之间的关系。

H_{13c}：法治化水平调节了股权融资与创业板上市公司创新投资之间的关系。

H_{13d}：法治化水平调节了财政补贴与创业板上市公司创新投资之间的关系。

H_{13e}：法治化水平调节了税收优惠与创业板上市公司创新投资之间的关系。

三、政府治理水平的调节效应

在推动全国统一大市场建设的新形势下，国家强调要持续推进

"放、管、服"改革，提高行政审批效率，防止一刀切、层层加码等不利于发挥市场在资源配置中主导性作用的现象发生，从而达到优化营商环境、提升投资效率、推动经济高质量发展的战略目标（徐礼伯和沈坤荣，2022）。当前，我国各地区政府对于市场的边界与功能定位有所不同，政府治理水平参差不齐、公共服务效率不均，因此对企业战略性决策的效用产出存在差异性的影响。例如，经济发展水平较高的东部沿海地区，劳动力和生产资料在市场中的流动性较强，政府尽可能减少对经济活动的不必要干预，即政府更多地扮演了"服务者"的角色，发挥了对市场主体的"援助效应"（邓娅娟等，2021；Khan et al.，2019）。对于创业板上市公司而言，在政府治理水平更高的地区，地方政府对其经营活动的行政干预较少，可以避免指向性政策过多所造成的资金使用不当或无序使用，在一定程度上有助于降低企业的交易成本，提高创新研发资金使用的精准度（吴长征，2019）。相反，经济发展相对滞后的地区，市场上的投资机会较少，政府掌握了较多的关键资源，而政府的职能转变还不够完善、对微观市场活动的干涉偏多，当地创新创业的门槛高、手续多、成本高等问题，影响了企业创新创业资金的配置效率（国务院发展研究中心课题组，2022）。为了获取制度性资源，一些企业会涉足与自身发展不相关、不符合战略发展需要、无法实现可持续性的领域，造成企业专业化程度降低、多元化程度上升，挤出了创新活动的资金、降低了领域内的研发强度，阻碍了全要素生产率的提高（顾元媛和沈坤荣，2012；Oliver，1997）。李宏斌和周黎安（Li and Zhou，2006）的研究也表明，在政府治理水平较低地区，企业往往需要通过建立与维持社会网络来获得稀缺性资源及发展机会，挤占了本应用于创新活动的资金，降低了研发资金的使用强度，最终影响了企业的技术产出。

从融资成本的角度来看，政府针对资本市场的过多行政管制显著抬升了企业的融资成本，容易导致企业所获取的融资资金有限，影响创新投资等战略性活动。尤其是我国正处于经济转型的关键时期，政府干预导致金融资源配置发生扭曲的现象屡见不鲜，影响了真正具备高水平创新能力的创业板企业的研发热情，降低了金融资本的配置效率，制约了研发活动的投入产出比（许为宾等，2018；肇启伟，2021）。同时，在过度的行政干预下，要素市场形成了垄断势力，挤压了产品市场的企业利润空间，影响了内源融资能力，也向外部投资者传递了消极的信号，从而减少了可用于研发活动的资金（张杰等，2022；周建和许为宾，2016）。简言之，政府作为营商环境的主要塑造者与评估者，其治理水平必然影响企业的投资决策行为与效率。只有构建"亲清"的新型政商关系，不断提高政府治理水平与行政服务效率，才能够防止资本的无序扩张，进而更好地服务于创业板上市公司融资活动与创新投资。

基于此，提出以下假设：

H_{14a}：政府治理水平调节了内源融资与创业板上市公司创新投资之间的关系。

H_{14b}：政府治理水平调节了债务融资与创业板上市公司创新投资之间的关系。

H_{14c}：政府治理水平调节了股权融资与创业板上市公司创新投资之间的关系。

H_{14d}：政府治理水平调节了财政补贴与创业板上市公司创新投资之间的关系。

H_{14e}：政府治理水平调节了税收优惠与创业板上市公司创新投资之间的关系。

第四章

研 究 设 计

　　本章主要介绍了样本的选择、数据的来源、变量的定义与测量、模型的设定等与研究设计相关的内容，支撑第五章的实证分析。

第一节　数据来源

　　本书选择创业板上市公司作为研究对象的原因主要包括：（1）政策的敏感性——与欧美发达国家类似，我国的创业板也是科技创新公司的理想上市地，是创业企业筹集资金的重要平台，对国家颁布的政策方针具有较高的制度敏感性，更能反映政府在创新驱动发展战略实施中发挥宏观经济调控职能的效率性与精确性（乔建伟，2020）；（2）样本的代表性——创业板上市公司大多数从事潜力高的前沿高新技术（如新材料、新能源、区块链、人工智能、5G技术等）的研发与应用，其创新投资对企业获取先行者优势、培育战略竞争力与实现可持续成长至关重要（杜建华和徐璐，2019）；（3）样本的匹配性——相比于成熟的主板上市企业，受限于组织规模与创建时间，创业板上市公司往往面临更为严重的融资难题，融资约束程度更高、融资成本更高，融资结构的稳定性相对较差、融资渠道的波动性较大（严爱玲等，2021）；（4）数据的可得性与连续性——相比于上市时间较短的科创板企业，由于相关法律法规对创业板上市公司年报披露方面的监管要求，相应可供研究的样本量更多、可获取的数据跨度更长。因此，为了回答研究问题、检验相应的研究假设、实现研究价值，本书首先选取了证券代码"300001"至"301312"的创业板上市公司，经过初步甄选，发现证券代码从"30961"至"301312"的企业相关数据缺失较为严重、且上市时间相对较短，因此这些企业被剔除出研究范围。随后，为避免信息披露不翔实以及外界误差影响研究结论的准确性，本书参考已有文献，对样本数据进行以下处理：（1）剔除 ST、ST*[①]等公司的数据，以排除收益存在异常的公司；（2）剔除鲜有创新活动与研发投入的金融业、卫生与社会工作、批发与零售行业的企业数据；（3）剔除研发费用缺失年份较多、且难以补齐的公司；（4）剔除其他关键财务数据缺失的企业（邓娅娟等，2021；赵莉和张玲，2020）。经过上述多个环节的处理，最终数据为创业板 2010～2021 年 856 家上市公司、总计 8185 个样本。本书公司层面的数据部分来源于国泰安数据库（CSMAR），部分来源于中国研究数据服务平台（CNRDS），而缺失的数据主要通过样本企业的公司年报官方网站、招股说明书[②]等渠道进行补充完善；作为区域层面的数据，调节变量营商环境三个维度（市场化水平、法治化水平与政府治理水平）的数据则依据王小鲁等编著的《中国分省企业经营环境指数 2020 年报告》进行提炼。

---

① ST：境内上市公司连续两年经营有亏损，被进行退市风险警示的股票；* ST：境内上市公司连续三年经营有亏损，说明该股票有退市风险。

② 深圳证券交易所网站公开了全部创业板上市公司的"年度报告"（即"年报"）与"首次公开发行股票并在创业板上市招股说明书"（即"招股说明书"），比较详细地披露了样本企业的公司年龄、组织规模、股权结构、行业类型、产品特征、技术能力、研发经费、融资渠道、财务指标等信息。

第二节　变量定义与测量

本书旨在探讨创业板上市公司融资渠道与创新投资之间的逻辑关系，并且分析探讨融资约束的中介作用与营商环境的调节效应。各变量的定义与衡量见表4－1，具体如下所示：

表4－1　　　　　　　　　　　　变量定义与度量

类别	名称	符号	定义与度量
被解释变量	创新投资	RDI	当年研发费用/期末资产总额
解释变量	内源融资	Inter	（盈余公积＋未分配利润）/期末资产总额
	债务融资	Debt	（短期贷款＋长期贷款）/期末资产总额
	股权融资	Share	（股本＋资本公积）/期末资产总额
	财政补贴	Subsidiary	财政补贴总额/期末资产总额
	税收优惠	Tax	企业所得税减免额/期末资产总额
中介变量	融资约束	FC	SA 指数
调节变量	市场化水平	Market	采用王小鲁等的市场化得分
	法治化水平	Law	采用王小鲁等的法律制度环境得分
	政府治理水平	Gov	采用王小鲁等的政府与市场关系得分
控制变量	企业规模	Size	期末资产总额的自然对数
	固定资产比率	Fixed	期末固定资产总额/期末资产总额
	无形资产比率	Intangible	期末无形资产/期末资产总额
	企业年龄	Age	企业年龄的自然对数
	营业收入增长率	Growth	（本年营业收入总额－上年营业收入总额）/上年营业收入总额
	盈利能力	Pro	期末净利润/期末资产总额
	资产负债率	Lev	期末总负债/期末资产总额

续表

类别	名称	符号	定义与度量
控制变量	现金持有比率	Cash	期末货币资金/期末资产总额
	高管薪酬	Salary	前三名高管薪酬的自然对数
	独董人数	Inde	独董人数的自然对数
其他变量	所有权	Ownership	有国有股份为"1"，否则为"0"
	两职合一	Duality	董事长兼任总经理，则取值为"1"，否则为"0"
	行业	Industry	剔除金融业、卫生与社会工作、批发与零售等行业的企业，剩下的分为制造业和非制造业。制造业为"1"，非制造业为"0"
	高管海外背景	Oversea	高管有海外背景，则取值为"1"，否则为"0"
	年度	Year	本年度取值为"1"，否则为"0"

一、被解释变量

创新投资（RDI）。现有文献主要采用研发费用、专利申请与获批数、新产品绩效等衡量企业的创新投资，然而后两个指标存在一定局限性。首先，专利数在一定程度上反映了企业创新成功的项目，但是无法准确衡量专利给公司带来的效果，加上我国当前专利保护法律不够健全，部分企业出于保护知识产权的目的可能选择不上报专利，导致无法反映真实情况（Yin，2019；Zhu et al.，2012）。其次，创新投资对新产品绩效的作用难以立竿见影，往往需要经历较长的滞后期。因此，考虑到数据的可获得性与可靠性，同时为了抵消企业规模对创新投资的潜在影响，参考王晓燕和王梓萌（2020）、许慧等（2021）等的做法，使用"当年企业研发费用与期末资产总额的比值"衡量创业板上市公司的创新投资。其中，研发费用来自国泰安数据库的企业利润表，而期末资产总额来自国泰安数据库的企业资产负债表。

二、解释变量

（1）内源融资（Inter）。作为创业板上市公司早期开展研发活动、进行创新投资的资金基础，内源融资是反映企业盈利性与成长性的重要财务指标。本书借鉴胡恒强等（2021）的研究，以"（盈余公积＋未分配利润）/期末资产总额"作为企业内源融资的代理变量。

（2）债务融资（Debt）。关于债务融资的衡量，本书借鉴陈良华等（2019）、胡恒强等（2021）的研究，以"短期贷款与长期贷款之和"除以"期末资产总额"作为代理变量。

（3）股权融资（Share）。本书借鉴乔建伟（2020）、张一林等（2016）的研究，以"股本与资本公积之和"除以"期末资产总额"作为股权融资的代理变量。

（4）财政补贴（Subsidiary）。本书参考郑江淮和张玉昌（2019）、严若森等（2020）的研究，选择企业"本年度政府补贴"与"期末资产总额"之比作为财政补贴的代理变量。本书通过比对"国泰安数据库—公司研究系列—上市企业创新—政府补助资金数额"与"年报—报表附注—营业外收入—政府补贴金额"，发现二者金额一致。政府补贴、期末资产总额数据均来源于国泰安数据库。需要指出的是受限于数据的可得性与连续性，本书未能够将财政补贴细分为事前补贴与事后补贴。

（5）税收优惠（Tax）。参考已有文献，本书选择"（企业所得税减免额/期末资产总额）"衡量创业板上市公司的税收优惠（柳光强，2016；许玲玲等，2021）。"企业所得税减免额"与"期末资产总额"的相关数据均来自国泰安数据库。

三、中介变量

本书的中介变量为融资约束（FC），使用 SA 指数作为融资约束程度的代理变量。为了避免受到内生变量的干扰、影响衡量的准确性，哈德洛克（Hadlock，2009）和皮尔斯（Pierce，2009）参照 KZ 指数法，使用外生性较强的企业规模（Size）与企业年龄（Age）构建了 SA 指数计算公式，用于测度企业所面临的融资约束程度。相比与其他融资约束的衡量方法，SA 指数法由于不存在内生变量，被认为具有更强的稳健性（鞠晓生等，2013；严若森等，2020；于文超等，2018）。SA 指数的计算公式如（4.1）所示：

$$SA_{i,t} = -0.737 \times Size_{i,t} + 0.043 \times Size_{i,t}^2 - 0.04 \times Age_{i,t} \quad (4.1)$$

其中，i 和 t 分别代表第 i 家企业和第 t 年份；Size 为公司的规模，取企业期末资产总额（单位一般为"百万元"）的对数；Age 则为企业成立的年限（样本企业观测年度减去成立年度）。SA 代表企业所面临的融资约束程度高低，SA 取值为负。SA 的绝对值越大，代表企业的融资约束程度越高、资金成本也越高，反之亦然。

四、调节变量

本书的调节变量为营商环境（Business Environment）。相关数据来自王小鲁等编著的《中国分省企业经营环境指数 2020 年报告》（王小鲁等，2020）。考虑到该报告只披露到 2019 年，同时相邻年份的市场化水平变化不大，因此 2020 年、2021 年两个年度的缺失数据用之前年份的加权平均数代替。需要指出的是，营商环境包含的维度较多，参考张多蕾和邹瑞（2021）的研究，本书选择了最具代表的三个维度：市场化水平（Market）、法治化水平（Law）、政府治理水平（Gov）。具体而言，（1）市场化水平主要依据"市场需求""过度竞争""中介组织服务""行业协会服务"等四个条目进行测量；（2）法治化水平主要从"司法公正性与效率性""企业合同履行情况""经营者财产和人身安全保障""知识产权、技术和品牌保护"四个方面进行衡量；（3）政府治理水平基于"政府干涉""与政府打交道占工作时间比例""审批手续简便易行""官员廉洁守法"等内容进行评价。

五、控制变量

借鉴诸如刘超和邢嘉宝（2020）、夏清华和何丹（2020）、杨帆和王满仓（2021）、李玉刚等（2022）的研究，本书选择企业规模（Size）、固定资产比率（Fixed）、无形资产比率（Intangible）、企业年龄（Age）、营业收入增长率（Growth）、盈利能力（Pro）、资产负债率（Lev）、现金持有比率（Cash）、高管薪酬（Salary）、独董人数（Indep）等作为控制变量。具体而言：

1. 企业规模

相比成熟企业或者大型企业，在创业板上市的企业具有规模较小、成立时间较短、资金匮乏、但重视创新活动与长周期性活动等特点，拥有较强的自主研发核心能力（杜建华和徐璐，2019）。然而，规模较小往往意味着自身资源基础较为薄弱，对外源融资或者政府干预的依赖度也相对较大（Giebel and Kraft，2019）。因此，面对创新活动的资金需求与高风险性时，创业板上市公司需要积极筹措各种渠道的资金。鉴于此,本书选取期末资产总额的自然对数作为控制变量,控制企业规模对创业板上市公司创新投资的潜在影响。

2. 固定资产比例

固定资产是指企业为生产产品、研发技术、提供劳务或其他经营活动所持有的、使用时间超过 12 个月、价值达到一定标准的非货币性资产 (Colombo et al. , 2013)。本书使用"期末固定资产总额/期末资产总额"衡量固定资产比例,确定企业是否有资金闲置的现象。如果固定资产比例过高,往往反映了企业的资金利用率较低,对于创新投资的影响较大(徐晔等,2021)。然而,固定资产比例过低,也可能代表创业板上市公司在研发设备等固定资产方面的投资不足,影响了创新能力。基于此,需要控制此变量。

3. 无形资产比率

无形资产是指难以通过实物形态辨认的非货币性资产,往往表现为某种法定权利或者技术,例如专利权、商标权等。参照已有研究,本书通过"期末无形资产/期末资产总额"衡量无形资产比率(Kraft et al. , 2018)。一般而言,无形资产比例越高,创新能力越强,产品研发的成功率会随之增加,研发经费的使用率提升,所需的创新投入也相应减少。

4. 企业年龄

相比于具有更高市场知名度、更强组织合法性、更容易获得产业分工收益的成熟企业,处于初创期或者早期发展期的创业板上市公司更需要注重创新投入,通过研发活动获取前沿性与差异性的先进技术,实现错位竞争,生产出能够满足消费者预期的产品或者依靠突破式创新完全创造一个新的市场需求（Baumol，2004），以发展"先行者优势"与战略竞争力，避免与成熟企业或大企业的直接对抗。为此，本书对创业板上市公司的企业年龄的自然对数进行控制。

5. 营业收入增长率

采用公式"（本年营业收入总额－上年营业收入总额）/上年营业收入总额"计算营业收入增长率（张多蕾和邹瑞，2021）。如果该指标大于"0"，表示企业的主营业务收入有所增长，市场份额增加；如果该指标小于"0"，表示企业的主营业务收入出现衰退，市场份额萎缩。营业收入增长率可能对企业的经营活动存在两方面的影响：一方面，高营业收入增长率的企业，可能将更多的资金用于生产运营与市场推广，以维持较快的增长率，挤占了创新投入占营业收入的比重；另一方面，高营业收入增长率也意味着企业向外部释放了较好的市场前景，更能够吸引外界投资者的青睐（Nikolov et al.，2021），获取更多的外源融资，因此需要控制此变量。

6. 盈利能力

参考已有文献（董孝伍，2018），使用总资产收益率（"期末净利润/期末资产总额"）计算盈利能力。该指标能够有效反映公司的发展能力与竞争实力，也是决定公司是否应当举债经营的重要依据。作为衡量公司在一定时期内赚取利润的能力，利润率越高，盈利能力就越强。因此，一方面，企业的资金流更加充裕，即拥有更多的未分配利润、计提折旧等可用于创新活动的资金；另一方面，也向外界传递积极的信号，产生"光环效应"，吸引更多的外界投资者，可用于创新投资活动的资金也越多（Vismara，2018）。

7. 资产负债率

按照"期末总负债/期末资产总额"计算资产负债率,即债权人所提供的资本与总资本的比例关系。作为反映企业负债水平的关键性指标,资产负债率往往对创新投资有抑制作用(Lemmon and Zender, 2019)。资产负债率越高,说明内部现金流可能存在不足,资金使用主要通过借债实现,还本付息压力较大,导致可用于研发活动的资金也较少,即资产负债率抑制了创新投资;如果资产负债率低,不仅说明拥有良好的偿债能力,而且反映出企业财务状况与业务状况发展良好,更易获得借款,从而促进创新投资。因此,需要控制资产负债率。

8. 现金持有比率

现金具有较高的流动性,高流动性代表着低调整成本。本书通过"期末货币资金/期末资产总额"衡量现金持有比率。该变量是评价投资方案经济收益的重要指标,对创新投资活动也有较大影响,因此需要加以控制。例如,于胜道等(2022)基于2007~2019年A股上市公司的样本分析,研究发现适度的现金持有比率能够产生利益趋同效应,通过提供稳定持续的资金支持、缓解融资压力、降低研发风险等路径对企业创新投资产生正面影响,然而过高的现金持有比率会显著提升代理成本,产生严重的委托代理问题,进而挤占研发资金,给创新投资带来负面影响(Colombo et al., 2013)。

9. 高管薪酬

使用"前三名高管薪酬的自然对数"进行计算。作为有限理性行为人,高管进行决策活动的动机往往受到所获取薪酬的驱动。委托代理理论认为以财务业绩为基础的高管薪酬可能导致管理层为了达到短期的会计目标而减少或者放弃收益不确定、回报周期长的创新投资（王静等，2022）。而依据激励理论，有效的高管薪酬激励机制能够缓解经营者对于创新投资风险的担忧，从而增加对研发活动的热情（Peng et al.，2020），尤其是对于技术密集型企业更是如此（鲁桐和党印，2014）。因此，需要对高管薪酬进行控制。

10. 独立董事

取独立董事人数的自然对数进行衡量。独立董事是指独立于公司股东、且不在公司内部担任职务，与公司或者公司高层没有利害关系，能够对公司相关业务做出独立判断与专业指导的董事（焦跃华和孙源，2021）。已有研究对于独立董事与公司决策之间关系仍然存在一定争议：一些研究认为独立董事的设置保护了中小股东的合法权益，有助于达到监督、制衡经营者决策权力的作用，提高公司治理的透明性与效率，减少代理成本（Lester et al.，2008；Sun et al.，2016）；也有一些文献认为，当前我国上市公司的法人治理结构中鲜有设立独立董事的行权机构，独立董事多为公司领导或者高管聘请的"人情董事"，降低了公司治理的透明度，容易引发管理机会主义行为，并不利于公司的长期性决策（Gao et al.，2022；朱晓荞等，2022）。

六、其他变量

1. 所有权性质差异（Ownership）

本书根据企业有无国有股份持股，将样本划分为"有国有持股的企业"与"无国有持股的企业"。其中，有国有持股的企业编码为"1"，无国有持股的企业编码为"0"。已有的一些文献研究表明，国有持股企业往往更容易获得较多的制度性资源，融资渠道更稳定、融资成本也相对更低，社会认可度与组织合法性也相应更强（刘超和邢嘉宝，2020；Zhang et al.，2016）。

2. 两职合一（Duality）

本书参考董屹宇和郭泽光（2019）等研究方法，采用虚拟变量表示两职合一：如果董事长兼任总经理，则取值为"1"，否则为"0"。上市公司完善的公司治理结构有利于防止滋生各种虚假与不规范的信息，保证会计信息质量。出于完善公司治理、提高信息透明度的需要，董事长与总经理不是同一人，更有助于实现权力的相互制约，提升治理效率。这是由于如果两职合一，董事长同时掌握决策权与监督权，可能导致董事长为了满足个人的私利，增加了股东与董事会之间的协调成本，损害了经济效率。两职分离能有效保障董事会的独立性（宋永春，2017），减少管理层对应计盈余的管理。

3. 高管海外背景（Oversea）

本书根据高管有无海外学习或者工作等背景，将样本划分为"高管有海外背景的企业"与"高管无海外背景的企业"，分别编码为"1"与"0"。已有研究表明拥有海外背景的高管，不仅自身具有更加多元化的知识结构与前瞻性的视野，决策更符合市场逻辑需要，而且也更注重公司治理与市场效率，强调通过研发创新活动获得更具竞争力的前沿技术、开发出更符合市场需要的产品（邓娅娟等，2021；Hunt et al.，2021）。

4. 是否为制造业（Industry）

剔除金融业、卫生与社会工作、批发与零售行业等研发活动存在异常或者没有研发活动的企业样本（杜建华和徐璐，2019；乔建伟，2020），剩下的企业分为制造业与非制造业，进行虚拟化处理：制造业设为"1"，非制造业则为"0"。

5. 年度（Year）

使用虚拟变量代表样本所涵盖的年份：本年度赋值为"1"，否则赋值为"0"。为了剔除时间所引起的结论差异，需要控制年度效应（刘惠好和焦文妞，2021）。

第三节　模型设定

一、研究模型

图4-1反映了本书的研究模型，其中，控制变量（Controls）为企业规模、固定资产比率、无形资产比率、企业年龄、营业收入增长率、盈利能力、资产负债率、现金持有比率、高管薪酬、独董人数等；解释变量为融资渠道（内源融资、债务融资、股权融资、财政补贴、税收优惠）；中介变量为融资约束（代理变量为SA指数）；调节变量为营商环境包括三个维度：市场化水平、法治化水平、政府治理水平；被解释变量为创新投资。

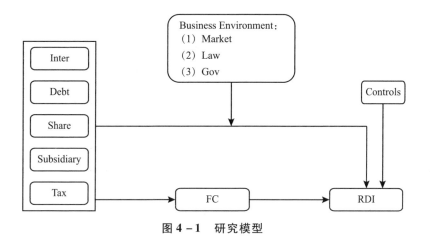

图 4 - 1 研究模型

二、实证模型设定

为了确定选用随机效应模型还是固定效应模型进行实证检验，本书使用 Stata 软件进行了 Hausman 检验，结果显示 P 值小于 0.01，因此拒绝了随机效应的原假设，说明应当采用固定效应模型。随后，加入年度虚拟变量以考察是否存在个体时间效应，通过对所有年度虚拟变量联合显著性的检验发现，P 值小于 0.01，因此拒绝"无时间效应"的原假设，即模型存在时间效应。最终，本书选择了双向固定效应模型。

1. 融资渠道与创业板上市公司创新投资的实证模型

为了检验解释变量融资渠道对被解释变量创业板上市公司创新投资的直接影响，本书构建了公式（4.2）：

$$RDI_{i,t} = \alpha_0 + \alpha_1 Inter_{i,t} + \alpha_2 Debt_{i,t} + \alpha_3 Share_{i,t} + \alpha_4 Subsidiary_{i,t}$$
$$+ \alpha_5 Tax_{i,t} + \sum \alpha_j Controls_{i,t} + Firm_i + Year_t + \varepsilon \quad (4.2)$$

其中，i 和 t 分别代表第 i 家企业和第 t 年份；Inter、Debt、

Share、Subsidiary、Tax 依次为解释变量内源融资、债务融资、股权融资、财政补贴、税收优惠，RDI 为被解释变量创新投资，α_0 为常数项，而 α_1 至 α_5 则分别为五种融资渠道的回归系数，Controls 为所有控制变量，j 为控制变量的个数，Firm 为个体固定效应，Year 为时间固定效应，ε 为模型的随机误差项。

2. 融资约束的中介作用实证模型

为了检验融资约束在融资渠道与创新投资之间的中介作用，本书参照经典的三阶段检验法（Baron and Kenny，1986）构建了公式（4.3）~公式（4.5）：

$$RDI_{i,t} = \alpha_0 + \alpha_1 FC_{i,t} + \sum \alpha_j Controls_{i,t} + Firm_i + Year_t + \varepsilon$$

$$(4.3)$$

$$FC_{i,t} = \beta_0 + \beta_1 Inter_{i,t} + \beta_2 Debt_{i,t} + \beta_3 Share_{i,t} + \beta_4 Subsidiary_{i,t}$$
$$+ \beta_5 Tax_{i,t} + \sum \beta_j Controls_{i,t} + Firm_i + Year_t + \varepsilon \quad (4.4)$$

$$RDI_{i,t} = \gamma_0 + \gamma_1 Inter_{i,t} + \gamma_2 Debt_{i,t} + \gamma_3 Share_{i,t} + \gamma_4 Subsidiary_{i,t}$$
$$+ \gamma_5 Tax_{i,t} + \gamma_6 FC_{i,t} + \sum \gamma_j Controls_{i,t} + Firm_i$$
$$+ Year_t + \varepsilon \quad (4.5)$$

其中，i 和 t 分别代表第 i 家企业和第 t 年份；公式（4.3）分析融资约束是否抑制了创新投资；公式（4.4）分析了各融资渠道对融资约束的作用，并结合公式（4.2）、公式（4.3）的结果，判断融资约束是否在融资渠道与创新投资之间发挥中介作用；为了进一步确定融资约束发挥的是部分中介、还是完全中介作用，构建了公式（4.5）。FC 为中介变量融资约束，α_0、β_0、γ_0 为常数项，α_1 为融资约束影响创新投资的回归系数，β_1 至 β_5 则为五种融资渠道影响融资约束的回归系数，γ_1 至 γ_5 为加入中介变量融资约束之后五种融资渠道对创新投资的影响系数，γ_6 为加入融资渠道之后融资约束对创新投资的影响系数，Controls 为所有控制变量，j 为控制变量的个数，Firm 为个体固定效应，Year 为时间固定效应，ε 为模型的随机误差项。

3. 营商环境的调节效应实证模型

为了检验营商环境的三个维度（市场化水平、法治化水平、政府治理水平）在融资渠道与创新投资之间关系的调节效应，本书构建如下公式（4.6）~公式（4.8）：

$$
\begin{aligned}
RDI_{i,t} = {} & \alpha_0 + \alpha_1 Inter_{i,t} + \alpha_2 Debt_{i,t} + \alpha_3 Share_{i,t} + \alpha_4 Subsidiary_{i,t} \\
& + \alpha_5 Tax_{i,t} + \alpha_6 Market_{i,t} + \alpha_7 Inter_{i,t} \times Market_{i,t} \\
& + \alpha_8 Debt_{i,t} \times Market_{i,t} + \alpha_9 Share_{i,t} \times Market_{i,t} \\
& + \alpha_{10} Subsidiary_{i,t} \times Market_{i,t} + \alpha_{11} Tax_{i,t} \times Market_{i,t} \\
& + \sum \alpha_j Controls_{i,t} + Firm_i + Year_t + \varepsilon \quad\quad (4.6)
\end{aligned}
$$

$$
\begin{aligned}
RDI_{i,t} = {} & \beta_0 + \beta_1 Inter_{i,t} + \beta_2 Debt_{i,t} + \beta_3 Share_{i,t} + \beta_4 Subsidiary_{i,t} \\
& + \beta_5 Tax_{i,t} + \beta_6 Law_{i,t} + \beta_7 Inter_{i,t} \times Law_{i,t} \\
& + \beta_8 Debt_{i,t} \times Law_{i,t} + \beta_9 Share_{i,t} \times Law_{i,t} \\
& + \beta_{10} Subsidiary_{i,t} \times Law_{i,t} + \beta_{11} Tax_{i,t} \times Law_{i,t} \\
& + \sum \beta_j Controls_{i,t} + Firm_i + Year_t + \varepsilon \quad\quad (4.7)
\end{aligned}
$$

$$
\begin{aligned}
RDI_{i,t} = {} & \gamma_0 + \gamma_1 Inter_{i,t} + \gamma_2 Debt_{i,t} + \gamma_3 Share_{i,t} + \gamma_4 Subsidiary_{i,t} \\
& + \gamma_5 Tax_{i,t} + \gamma_6 Gov_{i,t} + \gamma_7 Inter_{i,t} \times Gov_{i,t} \\
& + \gamma_8 Debt_{i,t} \times Gov_{i,t} + \gamma_9 Share_{i,t} \times Gov_{i,t} \\
& + \gamma_{10} Subsidiary_{i,t} \times Gov_{i,t} + \gamma_{11} Tax_{i,t} \times Gov_{i,t} \\
& + \sum \gamma_j Controls_{i,t} + Firm_i + Year_t + \varepsilon \quad\quad (4.8)
\end{aligned}
$$

其中，i 和 t 分别代表第 i 家企业和第 t 年份；α_0、β_0、γ_0 分别表示各模型的常数项；α_1、β_1、γ_1 分别表示解释变量内源融资在各自模型中的回归系数，α_2、β_2、γ_2 分别表示解释变量债务融资在各自模型中的回归系数，α_3、β_3、γ_3 分别表示解释变量股权融资在各自模型中的回归系数，α_4、β_4、γ_4 分别表示解释变量财政补贴在各自模型中的回归系数，α_5、β_5、γ_5 分别表示解释变量税收优惠在各自模型中的回归系数；α_6、β_6、γ_6 分别表示调节变量营商环境的三个维度：市场化水平（Market）、法治化水平（Law）、政府治理水平（Gov）在各自模型中的回归系数；α_7、β_7、γ_7 分别为内源融资与调节变量三个维度的乘积项在各自模型中的回归系数；α_8、β_8、γ_8 分别为债务融资与调节变量三个维度的乘积项在各自模型中的回归系数；α_9、β_9、γ_9 分别为股权融资与调节变量三个维度的乘积项在各自模型中的回归系数；α_{10}、β_{10}、γ_{10} 分别为财政补贴与调节变量三个维度的乘积项在各自模型中的回归系数；α_{11}、β_{11}、γ_{11} 分别为税收优惠与调节变量三个维度的乘积项在各自模型中的回归系数。Controls 是多个控制变量的向量，j 为控制变量的个数，Firm 为个体固定效应，Year 为时间固定效应，ε 为各个模型的随机误差项。

第五章

假设检验与实证分析

第四章介绍了被解释变量、解释变量、中介变量、调节变量与控制变量等的操作化定义、衡量方法、数据来源、模型构建等内容，为本章的实证分析奠定了必要的基础。本章主要通过描述性统计、相关分析、回归分析、稳健性检验、内生性检验等，对第三章提出的若干假设进行检验。

第一节　描述性统计

本章节首先使用 Stata 软件，进行描述性分析，了解各变量的最小值、最大值、平均值、标准差与中位数等指标。各变量的描述性统计结果如表 5 – 1 所示。

表 5 – 1　　　　　　　　　描述性统计分析结果

序号	变量名称	样本量	最小值	最大值	平均值	标准差	中位数
1	Ln_Size	8185	18.679	26.452	21.276	0.828	21.171
2	Fixed	8185	0.000	0.735	0.157	0.119	0.133
3	Intangible	8185	0.000	0.675	0.041	0.043	0.031

序号	变量名称	样本量	最小值	最大值	平均值	标准差	中位数
4	Age	8185	1.330	36.750	15.216	5.390	15.000
5	Growth	8185	-3.420	4.291	0.379	0.655	0.190
6	Pro	8185	-0.987	0.765	0.072	0.125	0.083
7	Lev	8185	0.011	1.726	0.298	0.177	0.267
8	Cash	8185	0.000	0.664	0.059	0.049	0.049
9	Salary	8185	11.908	18.256	14.765	0.696	14.746
10	Inde	8185	1.000	6.000	2.995	0.391	3.000
11	Inter	8185	-1.906	0.704	0.206	0.175	0.212
12	Debt	8185	0.000	0.636	0.080	0.098	0.039
13	Share	8185	0.027	2.247	0.487	0.193	0.477
14	Subsidiary	8184	0.000	0.095	0.008	0.009	0.005
15	Tax	8185	0.000	0.104	0.010	0.007	0.008
16	FC	8185	-4.533	-2.847	-3.672	0.240	-3.668
17	Market	8185	2.720	3.730	3.397	0.209	3.435
18	Law	8185	2.900	4.120	3.750	0.284	3.880
19	Gov	8185	2.720	4.070	3.569	0.335	3.580
20	RDI	8185	0.000	0.216	0.020	0.016	0.016

资料来源：国泰安数据库（CSMAR）、中国研究数据服务平台（CNRDS）、样本企业的公司官方网站与招股说明书、《中国分省企业经营环境指数 2020 年报告》等。

第一，在解释变量（融资渠道）方面，内源融资的最小值为 -1.906（说明公司亏损比较严重）、最大值为 0.704、标准差为 0.175、中位数为 0.212；债务融资的最小值为 0.000（可能没有借贷或者数据未公开）、最大值为 0.636、标准差为 0.098、中位数为 0.039；股权融资的最小值为 0.027、最大值为 2.247、标准差为 0.193、中位数为 0.477；财政补贴的最小值为 0.000（可能未获得补贴或者未公开数据）、最大值为 0.095、标准差为 0.009、中位数为 0.005；税收优惠的最小值为 0.000（可能未获得税收优惠或者未公开数据）、最大值为 0.104、标准差为 0.007、中位数为 0.008。五种融资渠道的平均值分别为 0.206（内源融资）、0.080（债务融资）、0.487（股权融资）、0.008（财政补贴）与 0.010（税收优惠），说明创业板上市公司在不考虑其他因素的情况下，股权融资在企业资金来源中所占的比例最大，即证券市场为其提供了较大比重的资金；其次是内源融资，即盈余公积、未分配利润等也是公司资金的重要来源；随后才是债务融资，这与优序融资理论的融资偏好顺序观点有所区别。而财政补贴与税收优惠在企业资金来源中的比重相对较小，这是由于财政补贴属于政府对企业的无成本资金补助，税收优惠则要求企业必须满足一定的条件，二者均属于针对市场活动主体的普惠性政策，因此所能提供的资金相对有限。

第二，衡量融资约束程度的 SA 指数最小值为 -4.533、最大值为 -2.847、平均值为 -3.672、标准差 0.240、中位数为 -3.668，说明创业板上市的不同企业所面临的融资约束程度存在一定差异。

第三，在反映营商环境的三个维度中，市场化水平的最小值为 2.720、最大值为 3.730、平均值为 3.397、标准差为 0.209、中位数为 3.435；法治化水平的最小值为 2.900、最大值为 4.120、平均值为 3.750、标准差为 0.284、中位数为 3.880；政府治理水平的最小值为 2.720、最大值为 4.070、平均值为 3.569、标准差为 0.335、中位数为 3.580。鉴于指标满分为 5 分，这说明我国营商环境整体质量一般，还具有较大的提升空间，仍然需要在市场化（资源获取、有序竞争、创新氛围、市场中介等）、法治化（产权保护、社会治安、制度建设等）、政府治理（政商关系、政务服务、政策透明等）方面继续优化。

第四，被解释变量创新投资（RDI），最小值为 0（可能是企业

未披露自身创新投资费用，也可能是未开展创新投资）、最大值为
0.216、标准差为0.016，说明创业板上市公司之间的创新投资差
异较大；平均值为0.020，反映了创业板上市公司总体的创新投资
强度仍然较低，具有较大的提升空间。

综上，当前创业板上市公司的创新投资力度较低、融资结构不
够稳定、融资约束程度明显、不同地区的营商环境存在较大差异。
因此，如何有效地拓宽融资渠道来源、弱化融资约束困境、激励企
业加大创新投资、实现更高水平的技术产出，是值得探讨的重要
议题。

第二节 相 关 分 析

考虑到各变量均为连续性定比变量，本书使用 Pearson 系数法
进行相关性分析。如果变量间的相关系数绝对值高于 0.7，则表
明其存在比较严重的多重共线性问题，将影响回归分析结果的准
确性。

表5–2展示了主要变量的相关性分析结果。其中，内源融资
与盈利能力的相关系数（$\gamma = 0.590$）、债务融资与资产负债率的相
关系数（$\gamma = 0.614$）、股权融资与资产负债率的相关系数（$\gamma = -0.553$）、市场化水平与法治化水平的相关系数（$\gamma = 0.626$）、市
场化水平与政府治理水平的相关系数（$\gamma = 0.615$）、法治化水平与
政府治理水平的相关系数（$\gamma = 0.637$）绝对值超过 0.5、但均小于
0.7，而其他各主要变量之间的相关系数绝对值均在 0.5 以内，说
明本书研究的变量之间不存在严重的多重共线性问题，适合进行回
归分析。

表 5－2　变量的 Pearson 相关系数

	变量	1	2	3	4	5	6	7	8	9	10	11	12	13	14	15	16	17	18	19	20
1	Size	1																			
2	Fixed	0.015	1																		
3	Intangible	0.015	0.118**	1																	
4	Age	0.201**	-0.014	0.027*	1																
5	Growth	-0.041**	-0.033*	0.011	-0.018	1															
6	Pro	-0.044**	-0.002	-0.030**	-0.154**	0.015	1														
7	Lev	0.431**	0.053**	0.036*	0.169**	0.019	-0.225**	1													
8	Cash	0.043**	0.007	-0.016	0.042**	-0.119**	0.201**	-0.069**	1												
9	Salary	0.133**	-0.071**	-0.038**	0.079**	-0.009	-0.057*	0.077**	0.035*	1											
10	Inde	0.007	0.020	0.014	-0.020	-0.001	-0.009	-0.035*	0.002	0.098**	1										
11	Inter	-0.132**	-0.013	-0.035*	-0.057*	-0.007	0.590**	-0.416**	0.170**	-0.032*	-0.015	1									
12	Debt	0.300**	0.053**	0.003	0.110**	-0.041**	-0.224**	0.614**	-0.081**	0.007	-0.024*	-0.335**	1								
13	Share	-0.298**	-0.038*	-0.006	-0.110**	-0.014	-0.322**	-0.553**	-0.088**	-0.043*	0.042**	-0.412**	-0.369**	1							
14	Subsidiary	-0.193**	-0.021	-0.002	-0.093**	0.127**	0.124**	-0.098**	0.026*	-0.044*	0.004	0.122**	-0.119**	-0.009	1						
15	Tax	-0.088**	0.009	-0.022*	-0.064**	-0.127**	0.315**	-0.215**	0.387**	-0.005	0.000	0.245**	-0.202**	-0.019	0.019	1					
16	Market	0.305**	-0.012	0.002	0.389**	0.013	-0.123**	0.201**	0.071**	0.210**	-0.014	-0.064**	0.082**	-0.126**	-0.057*	-0.071**	1				
17	Law	0.354**	0.018	0.001	0.473**	-0.021	-0.142**	0.254**	0.068**	0.255**	-0.041**	-0.046**	0.129**	-0.192**	-0.115**	-0.073**	0.626**	1			
18	Gov	0.252**	0.014	-0.014	0.367**	-0.090**	-0.091**	0.218**	0.074**	0.192**	-0.042*	-0.027*	0.109**	-0.173**	-0.092**	-0.046**	0.615**	0.637**	1		
19	FC	0.148**	0.031*	0.031*	0.093**	0.052**	-0.363**	0.410**	-0.291**	0.028*	-0.050**	-0.405**	0.407**	-0.206**	-0.081**	-0.350**	0.015	0.006	0.002	1	
20	RDI	-0.306**	-0.022*	-0.026*	-0.320**	-0.033*	0.334**	-0.260**	0.059**	-0.110**	-0.037*	0.329**	-0.220**	0.040**	0.099**	0.194**	0.018	0.013	-0.011	-0.298**	1

注：* 代表显著性 $p < 0.05$，** 代表显著性 $p < 0.01$。

资料来源：国泰安数据库（CSMAR）、中国研究数据服务平台（CNRDS）、样本企业的公司官方网站与招股说明书，《中国分省企业经营环境指数 2020 年报告》等。

在创业板上市公司融资渠道与创新投资的相关性方面，内源融资与企业创新投资的相关系数为 $\gamma=0.329$，并在1%的水平上显著，二者存在正相关关系，为支持假设 H_1 提供了部分证据；债务融资与创新投资的相关系数为 $\gamma=-0.220$，并在1%的水平上显著，二者存在负相关的关系，初步表明假设 H_{2a} 不成立、假设 H_{2b} 成立；股权融资与创新投资的相关系数为 $\gamma=0.040$，并在1%的水平上显著，二者存在正相关关系，初步表明假设 H_{3a} 成立、假设 H_{3b} 不成立；财政补贴与创新投资的相关系数为 $\gamma=0.099$，并在1%的水平上显著，二者存在正相关的关系，初步证明假设 H_{4a} 成立、假设 H_{4b} 不成立；税收优惠与创新投资之间的相关系数为 $\gamma=0.194$，并在1%的水平上显著，二者存在正相关关系，初步表明假设 H_{5a} 成立、假设 H_{5b} 不成立。融资约束FC（代理变量为SA指数）与创新投资的相关系数为 $\gamma=-0.298$，并在1%的水平上显著，二者存在负相关关系，假设 H_6 得到初步支持。在创业板上市公司融资渠道与融资约束的相关性方面，内源融资、债务融资、股权融资、财政补贴、税收优惠与融资约束的相关系数分别为 $\gamma=-0.405$、$\gamma=0.407$、$\gamma=-0.206$、$\gamma=-0.081$、$\gamma=-0.350$，且均在1%的水平上显著，初步支持假设 H_{7a}、假设 H_{8c}、假设 H_{9a}、假设 H_{10a}、假设 H_{10c}，而不支持假设 H_{8a}、假设 H_{9c}、假设 H_{11a}、假设 H_{11c}。当然，为了验证相关假设在统计学上的因果关系是否成立，需要进行进一步的回归分析与检验。

第三节　融资渠道、融资约束 与创新投资的关系分析

一、双向固定效应模型分析结果

为了分析解释变量的主效应与中介变量的中介效应，参考巴尔

隆和肯尼（Baron and Kenny）（1986）、温忠麟和叶宝娟（2014）的逐步检验法，进行以下操作：第一步，将企业规模、固定资产比率、无形资产比率、企业年龄、营业收入增长率、盈利能力、资产负债率、现金持有比率、高管薪酬、独董人数作为控制变量的基础上，分析解释变量融资渠道（内源融资、债务融资、股权融资、财政补贴与税收优惠）对被解释变量（创新投资）的主效应是否显著，如果不显著则按遮掩效应处理；第二步，依次分析解释变量对中介变量（融资约束）的效应、中介变量（融资约束）对被解释变量的效应，如果均显著，则可确认存在中介效应；第三步，同时加入解释变量与中介变量，进一步分析中介变量的中介效应，确认是完全中介、还是部分中介。

如第四章"研究设计"所述，本书采用个体与时间的双向固定效应计量模型进行分析，结果如表5-3所示。

表5-3　　　　　融资渠道、融资约束与创新投资的
双向固定效应分析结果

变量	FC（SA指数）		RDI			
	模型1	模型2	模型3	模型4	模型5	模型6
截距	9.595 ** (8.494)	9.009 ** (9.760)	0.970 ** (19.554)	1.042 ** (16.640)	1.001 ** (20.152)	1.146 ** (18.315)
Size	−0.517 ** (−11.668)	−0.345 ** (−12.909)	−0.009 ** (−4.668)	−0.026 ** (−14.732)	−0.011 ** (−5.512)	−0.029 ** (−16.718)
Fixed	−0.176 (−0.917)	0.051 (0.315)	−0.008 (−1.004)	−0.017 (−1.665)	−0.009 (−1.076)	−0.017 (−1.657)
Intangible	−0.067 (−0.144)	0.167 (0.370)	−0.010 (−0.469)	−0.012 (−0.429)	−0.010 (−0.481)	−0.010 (−0.371)

续表

变量	FC（SA 指数）		RDI			
	模型 1	模型 2	模型 3	模型 4	模型 5	模型 6
Age	-0.649 ** (-3.604)	-0.041 (-0.823)	0.005 (0.570)	-0.044 ** (-12.211)	0.002 (0.299)	-0.046 ** (-12.871)
Growth	-0.079 * (-2.405)	0.042 (1.387)	0.002 (1.459)	-0.009 ** (-4.778)	0.002 (1.281)	-0.009 ** (-4.623)
Pro	-1.845 ** (-12.594)	-2.765 ** (-13.938)	0.054 ** (8.334)	0.141 ** (11.101)	0.047 ** (7.325)	0.118 ** (9.282)
Lev	5.421 ** (33.140)	4.735 ** (7.765)	-0.045 ** (-6.247)	0.294 ** (7.610)	-0.027 ** (-3.504)	0.332 ** (8.658)
Cash	-7.392 ** (-19.524)	-8.105 ** (-18.849)	-0.045 ** (-2.713)	0.011 (0.397)	-0.070 ** (-4.092)	-0.062 * (-2.241)
Salary	0.174 ** (4.965)	0.011 (0.408)	-0.010 ** (-6.751)	0.001 (0.305)	-0.010 ** (-6.384)	0.000 (0.115)
Inde	-0.346 * (-2.184)	-0.581 ** (-4.074)	0.004 (0.603)	-0.040 ** (-4.495)	0.003 (0.439)	-0.045 ** (-5.046)
Inter		-2.688 ** (-4.451)		0.375 ** (9.836)		0.348 ** (9.202)
Debt		2.489 ** (8.796)		-0.094 ** (-5.242)		-0.070 ** (-3.947)
Share		-2.190 ** (-3.703)		0.236 ** (6.326)		0.214 ** (5.792)
Subsidiary		-3.919 (-1.762)		-0.215 (-1.529)		-0.241 (-1.729)
Tax		-3.687 ** (-3.525)		0.425 ** (5.002)		0.305 ** (3.273)
FC （SA 指数）					-0.003 ** (-6.467)	-0.009 ** (-12.759)

续表

变量	FC（SA 指数）		RDI			
	模型 1	模型 2	模型 3	模型 4	模型 5	模型 6
个体效应	控制	控制	控制	控制	控制	控制
时间效应	控制	控制	控制	控制	控制	控制
Adj. R^2	0.108	0.282	0.083	0.252	0.106	0.270
Sample	8185	8185	8185	8185	8185	8185

注：＊代表显著性 $p < 0.05$，＊＊代表显著性 $p < 0.01$；括号外为对应变量的回归系数、括号内为 t 值。

资料来源：国泰安数据库（CSMAR）、中国研究数据服务平台（CNRDS）、样本企业的公司官方网站与招股说明书等。

模型 3 反映了各个控制变量对被解释变量创新投资的影响。具体而言：（1）企业规模呈现出 0.01 水平的显著性（$t = -4.668$，$p < 0.01$），并且回归系数 β 值为 $-0.009 < 0$，说明企业规模对创新投资产生了显著的负向影响，可能是由于总资产越多的创业板上市公司越需要平衡生产制造、市场营销、人力资源、创新投资等价值链不同环节资金的需求。（2）固定资产比率没有呈现出显著性（$β = -0.008$，$t = -1.004$，$p > 0.05$），表明固定资产比率对创新投资不会产生影响。（3）未发现无形资产比率的显著性（$β = -0.010$，$t = -0.469$，$p > 0.05$），即无形资产比率对创新投资不会产生显著影响。（4）未发现企业年龄对创新投资影响的显著性（$β = 0.005$，$t = 0.570$，$p > 0.05$），可能的解释是主要关注前沿科技领域的创业板上市公司无论在哪个发展阶段，均要重视研发投入与创新产出，以获取战略竞争力与先行者优势。（5）未发现营业收入增长率的显著性（$β = 0.002$，$t = 1.459$，$p > 0.05$），因此表明营业收入增长率对创新投资不会产生影响。（6）盈利能力呈现出了 0.01 水平的显著性（$t = 8.334$，$p < 0.01$），并且回归系数值为 $0.054 > 0$，说明盈利能力对创新投资产生显著的正向影响关系。（7）资产负债率呈现出了 0.01 水平的显著性（t = -6.247，p < 0.01），并且回归系数值 β 为 -0.045 < 0，说明资产负债率显著抑制了创新投资，即创业板上市公司的负债水平越高，还本付息的压力越大，越需要注重短期投资活动。（8）现金持有比率也呈现出 0.01 水平的显著性（t = -2.713，p < 0.01），并且回归系数值为 -0.045 < 0，说明现金持有比率显著负向影响了创新投资。（9）高管薪酬呈现出 0.01 水平的显著性（t = -6.751，p < 0.01），并且回归系数值 β 为 -0.010 < 0，说明高管薪酬越高，不仅企业的整体资金压力越大，可用于创新投资的资金越少，而且企业越可能重视短期会计业绩而放弃或者减少回报周期长的创新投资。（10）独董人数并没有呈现出显著性（β = 0.004，t = 0.603，p > 0.05），因而说明独董人数对创新投资不会产生影响，可能是独董的话语权在公司治理中所能发挥的作用有限，难以达到直接影响创新投资这一重要的战略决策。尤其是，当前我国上市公司的法人治理结构中鲜有设立独立董事的行权机构，独立董事的权力与职责不够清晰，制约了相应作用的发挥。

模型 4 是各解释变量融资渠道对创新投资的回归分析结果，模型调整后 R^2 为 0.252，P 值为 0.000，说明模型 4 有效。在主效应方面：（1）内源融资对创业板上市公司创新投资的回归系数 β 为 0.375 > 0、t 值为 9.836，并通过了 1% 的显著性水平检验，表明内源融资可以有效地推动企业加大创新投资，因此假设 H_1 成立。（2）债务融资与创业板上市公司创新投资的回归系数 β 为 -0.094 < 0、t 值为 -5.242，且在 1% 的显著性水平上显著，表明债务融资抑制了企业的研发创新。债务融资提高了公司的财务风险，增加经营过程中的资金负担，使公司在研发和投资上更加谨慎，挤出了企业创新的投资资金，假设 H_{2a} 不成立、而假设 H_{2b} 成立。（3）股权融

资与创新投资的回归系数 β 为 0.236 > 0、t 值为 6.326，通过 1% 的显著性水平检验，表明股权融资可以为企业从证券市场上筹集更多的资金，保证了资金来源的连续性，确保企业可以开展需要重大现金流的研发创新活动，即假设 H_{3a} 成立，假设 H_{3b} 不成立。（4）财政补贴与企业创新投资回归系数 -0.215 < 0、t 值为 -1.529，但未通过 5% 的显著性水平检验，表明财政补贴未能直接促进创业板上市公司的创新投资，即假设 H_{4a} 与 H_{4b} 均不成立，可能的原因是本书未将财政补贴细分为事前补贴与事后补贴，而事前补贴缺乏必要的监督与考核，可能被企业用于其他活动，并不利于创新投资，事后补贴虽然有利于创新投资。即，事前补贴与事后补贴的正反效应抵消，导致财政补贴无法对创新投资产生显著作用。（5）税收优惠与创新投资的回归系数 β 为 0.425 > 0、t 值为 5.002，通过了 1% 的显著性水平检验，表明作为事后干预措施的税收优惠对创业板上市公司的创新投资具有显著的正向刺激效应，即假设 H_{5a} 成立，假设 H_{5b} 不成立。

模型 5 反映了中介变量融资约束对创新投资的作用，结果表明融资约束的代理变量 SA 指数负向抑制了创业板上市公司的创新投资（t = -6.467，p = 0.000 < 0.01），回归系数 β 为 -0.003 < 0，即假设 H_6 成立。

模型 2 是融资渠道对融资约束的影响结果：（1）内源融资对融资约束的代理变量 SA 指数的回归系数 β 为 -2.688 < 0、t 值为 -4.451，通过了 1% 的显著性水平检验，说明内源融资降低了创业板上市公司所面临的融资约束程度，即假设 H_{7a} 成立。（2）债务融资对融资约束的代理变量 SA 指数的回归系数 β 为 2.489 > 0、t 值为 8.796，通过了 1% 的显著性水平检验，说明债务融资加重了创业板上市公司所面临的融资约束程度，即假设 H_{8a} 不成立、H_{8c} 成立。（3）股权融资对融资约束的代理变量 SA 指数的回归系数 β 为

－2.190＜0、t 值为－3.703，通过了 1% 的显著性水平检验，说明股权融资降低了创业板上市公司所面临的融资约束程度，即假设 H_{9a} 成立、H_{9c} 不成立。（4）财政补贴对融资约束的代理变量 SA 指数的回归系数 β 为－3.919＜0、t 值为－1.762，但未通过 5% 的显著性水平检验，说明财政补贴对创业板上市公司所面临的融资约束程度没有直接的影响，即假设 H_{10a} 与 H_{11a} 均不成立。（5）税收优惠对融资约束的代理变量 SA 指数的回归系数 β 为－3.687＜0、t 值为－3.525，通过了 1% 的显著性水平检验，说明税收优惠降低了创业板上市公司所面临的融资约束程度，即假设 H_{10c} 成立、H_{11c} 不成立。

综合模型 2、模型 4、模型 5 的实证分析结果，内源融资、股权融资与税收优惠均通过降低融资约束程度，进而促进了创业板上市公司的创新投资，即假设 H_{7b}、H_{9b}、H_{10d} 成立，假设 H_{9d}、H_{11d} 不成立；而债务融资则通过加重融资约束程度，进而抑制了创业板上市公司的创新投资，即假设 H_{8b} 不成立、H_{8d} 成立；本书未发现财政补贴是否会通过影响融资约束程度，进而达到影响创业板上市公司创新投资的效果，即假设 H_{10b} 与 H_{11b} 均不成立。

为了进一步判断融资约束发挥的是部分中介作用、还是完全中介作用，模型 6 同时加入了解释变量融资渠道与中介变量融资约束。如果中介变量依旧显著、而解释变量不显著，代表中介变量发挥完全中介作用；如果中介变量与解释变量均显著，则说明中介变量发挥部分中介作用。结果表明，此时内源融资的回归系数 β 为 0.348（t＝9.202，p＜0.01）、债务融资的回归系数 β 为－0.070（t＝－3.947，p＜0.01）、股权融资的回归系数 β 为 0.214（t＝5.792，p＜0.01）、税收优惠的回归系数 β 为 0.305（t＝3.273，p＜0.01）、且融资约束的回归系数 β 为－0.009（t＝－12.759，p＜0.01），即融资约束在内源融资与创新投资、债务融资与创新投资、股权融资与创新投资、税收优惠与创新投资之间均发挥部分中介作用。

二、内生性检验

解释变量与被解释变量之间可能存在双向因果，产生内生性问题（李正辉等，2016）。本书的被解释变量创新投资与解释变量融资渠道可能互相影响：首先，创新投资可能让企业掌握更先进的技术成果、拥有更具竞争力的产品，从而满足消费者的需求偏好、抢占更多的市场份额、实现更强的盈利能力，基于盈余公积与未分配利润的内源融资能力也随之增强；其次，政府资助对象一般是创新投资较多的企业，这类企业往往具有较强的研发倾向和前沿的技术设备，更容易得到财政补贴或者税收优惠等政策的支持；最后，创新投资力度大的企业也向外部投资者释放了积极的信号，更容易受到债权投资者与股权投资者的青睐，所获得的债务融资与股权融资的水平可能更高。因此，为了确保研究结果的可靠性，本书对解释变量融资渠道（内源融资、债务融资、股权融资、财政补贴与税收优惠）均进行滞后一期处理。即，使用滞后一年的数据分别作为五种融资渠道的代理变量，解决互为因果的内生性问题。

结果如表5-4所示，解释变量滞后一期的回归结果与表5-3的结果基本一致，表明本书的研究不存在严重内生性问题。

表5-4　　　　　　　　解释变量滞后一期：内生性检验

变量	FC（SA指数）		RDI			
	模型1	模型2	模型3	模型4	模型5	模型6
截距	8.032** (10.486)	11.093** (10.360)	1.609** (30.014)	1.185** (18.266)	1.651** (32.220)	1.291** (20.170)

续表

变量	FC（SA 指数）		RDI			
	模型 1	模型 2	模型 3	模型 4	模型 5	模型 6
Size	−0.339** (−10.970)	−0.366** (−11.811)	−0.031** (−12.642)	−0.025** (−14.081)	−0.035** (−14.835)	−0.029** (−16.357)
Fixed	0.198 (1.029)	0.212 (1.122)	0.002 (0.115)	−0.019 (−1.764)	0.005 (0.408)	−0.015 (−1.438)
Intangible	0.032 (0.061)	0.077 (0.148)	0.041 (1.243)	0.013 (0.444)	0.041 (1.310)	0.016 (0.557)
Age	−0.393** (−6.664)	−0.349** (−5.985)	−0.017** (−3.404)	−0.033** (−8.892)	−0.022** (−4.610)	−0.036** (−9.716)
Growth	0.078* (2.229)	0.062 (1.783)	−0.002 (−0.775)	−0.009** (−4.417)	−0.002 (−0.715)	−0.008** (−4.075)
Pro	−2.571** (−13.457)	−0.791** (−3.438)	0.097** (9.166)	0.112** (8.487)	0.069** (6.842)	0.102** (7.867)
Lev	7.102** (48.453)	3.060** (4.326)	−0.080** (−7.544)	0.227** (5.675)	0.013 (1.214)	0.260** (6.624)
Cash	−5.641** (−11.834)	−3.436** (−6.889)	−0.038 (−1.379)	0.020 (0.695)	−0.070** (−2.689)	−0.019 (−0.677)
Salary	−0.050 (−1.526)	−0.018 (−0.550)	−0.017** (−7.428)	−0.008** (−4.347)	−0.014** (−6.475)	−0.008** (−4.222)
Inde	−0.584** (−3.469)	−0.651** (−3.936)	0.004 (0.340)	−0.031** (−3.318)	−0.006 (−0.587)	−0.038** (−4.152)
$Inter_{t-1}$		−3.851** (−5.498)	0.304** (7.697)		0.263** (6.771)	
$Debt_{t-1}$		2.712** (8.260)	−0.054** (−2.898)		−0.047** (−2.585)	
$Share_{t-1}$		−2.300** (−3.352)	0.192** (4.978)		0.165** (4.350)	

续表

变量	FC（SA 指数）		RDI			
	模型 1	模型 2	模型 3	模型 4	模型 5	模型 6
$Subsidiary_{t-1}$		-1.748 (-0.677)		-0.209 (-1.102)		0.341 (1.800)
Tax_{t-1}		-3.523^{**} (-10.748)		0.759^{**} (3.966)		0.449^{**} (3.138)
FC （SA 指数）					-0.018^{**} (-2.924)	-0.011^{*} (-2.343)
个体效应	控制	控制	控制	控制	控制	控制
时间效应	控制	控制	控制	控制	控制	控制
Adj. R^2	0.081	0.245	0.056	0.218	0.121	0.228
Sample	8185	8185	8185	8185	8185	8185

注：＊代表显著性 $p<0.05$，＊＊代表显著性 $p<0.01$；括号外为对应变量的回归系数、括号内为 t 值。

资料来源：国泰安数据库（CSMAR）、中国研究数据服务平台（CNRDS）、样本企业的公司官方网站与招股说明书等。

三、稳健性检验

1. 使用 Bootstrap 法

为了检验主效应与中介效应的稳健性，本书的研究参照海耶斯（2013）的研究，使用 Bootstrap 法重置抽样 5000 次进行中介效应检验。具体操作如下：在 SPSS 软件中安装海耶斯开发的 PROCESS 插件，成功后选择"Analyze"→"Regression"→"PROCESS"，将控制变量（总资产对数、固定资产比率、无形资产比率、企业年龄对数、营业收入增长率、盈利能力、资产负债率、现金持有比率、高管薪酬自然对数、独董人数对数）、融资渠道（内源融资、债务

融资、股权融资、财政补贴与税收优惠)、中介变量融资约束
(代理变量为 SA 指数) 与被解释变量 (创新投资) 依次放入相应
的选项框; 在"Model number"的下拉菜单中选择"Model 4",
"Bootstrap samples"选择"5000", 即使用 Bootstrap 法进行重置
抽样 5000 次; Bootstrap 取样方法勾选"Bias corrected"; 置信区
间的置信度选择"95%", 并点击"确定", 得到的结果如表 5 – 5
所示。

表 5 – 5   **Bootstrap 分析结果**

变量		Effect	S. E.	LLCI	ULCI
Inter→FC→RDI	Direct	0.125	0.009	0.106	0.143
	Indirect	0.006	0.002	0.002	0.009
Debt→FC→RDI	Direct	− 0.040	0.018	− 0.076	− 0.004
	Indirect	− 0.029	0.004	− 0.036	− 0.022
Share→FC→RDI	Direct	0.107	0.092	0.089	0.125
	Indirect	0.004	0.002	0.001	0.004
Subsidiary→FC→RDI	Direct	− 0.048	0.144	− 0.329	0.235
	Indirect	0.051	0.027	− 0.001	0.105
Tax→FC→RDI	Direct	0.774	0.192	0.399	1.150
	Indirect	0.384	0.046	0.294	0.476

资料来源: 国泰安数据库 (CSMAR)、中国研究数据服务平台 (CNRDS)、样本企业的公司官方网站与招股说明书等。

第一, 内源融资对创新投资的直接效应正向显著 (效应值为
0.125, 95% CI [0.106, 0.143] 的区间不包含"0"), 间接效应
正向显著 (效应值为 0.006, 95% CI [0.002, 0.009] 的区间不包
含"0"), 说明内源融资促进了创业板上市公司的创新投资, 同时
融资约束在内源融资与创新投资之间发挥部分中介作用。第二, 债

务融资对创新投资的直接效应负向显著（效应值为 -0.040，95%
CI［-0.076，-0.004］的区间不包含"0"），间接效应负向显著
（效应值为 -0.029，95% CI［-0.036，-0.022］的区间不包含
"0"），说明债务融资抑制了创业板上市公司的创新投资，同时融
资约束在债务融资与创新投资之间发挥部分中介作用。第三，股权
融资对创新投资的直接效应正向显著（效应值为 0.107，95% CI
［0.089，0.125］的区间不包含"0"），间接效应正向显著（效应
值为 0.004，95% CI［0.001，0.004］的区间不包含"0"），说明
股权融资促进了创业板上市公司的创新投资，同时融资约束在股权
融资与创新投资之间发挥部分中介作用。第四，财政补贴对创新投
资的直接效应不显著（效应值为 -0.048，95% CI［-0.329，
0.235］的区间包含"0"），间接效应也不显著（效应值为 0.051，
95% CI［-0.001，0.105］的区间包含"0"），再次证明财政补贴
不会直接增进创新投资，同时融资约束在财政补贴与创新投资之间
也不存在中介作用。第五，税收优惠对创新投资的直接效应显著
（效应值为 0.774，95% CI［0.399，1.150］的区间不包含"0"），
间接效应显著（效应值为 0.384，95% CI［0.294，0.476］的区间
不包含"0"），说明税收优惠促进了创业板上市公司的创新投资，
同时融资约束在税收优惠与创新投资之间发挥部分中介作用。Boot-
strap 中介分析结果与双向固定效应检验结果基本一致，证明本书的
研究具有较高的稳健性。

2. 替换变量法

本书参照翟光宇和王瑶（2022）的研究，使用"WW 指数"
替换衡量中介变量融资约束的 SA 指数、使用"（研发支出 +1）"
的自然对数替换被解释变量创新投资，进行稳健性检验。分析结果
如表 5 -6 所示，相应的回归系数大小、符号、显著性等与前文的

结果基本一致，即替换变量法也证明研究结果较为稳健。

表 5 - 6   替换变量的稳健性检验

变量	FC（WW 指数）		RDI［Ln（R&D + 1）］			
	模型 1	模型 2	模型 3	模型 4	模型 5	模型 6
截距	4.417 ** (6.576)	4.608 ** (6.917)	1.403 ** (56.240)	1.040 ** (27.190)	1.572 ** (41.498)	1.119 ** (19.548)
Size	− 0.175 ** (− 7.424)	− 0.177 ** (− 7.880)	− 0.021 ** (− 17.554)	− 0.022 ** (− 19.833)	− 0.028 ** (− 16.765)	− 0.025 ** (− 12.227)
Fixed	0.009 (0.779)	0.012 (1.102)	− 0.008 (− 1.354)	− 0.017 * (− 2.514)	− 0.008 (− 1.309)	− 0.017 * (− 2.515)
Intangible	− 0.042 (− 1.553)	− 0.047 (− 1.751)	− 0.017 (− 1.166)	− 0.003 (− 0.180)	− 0.018 (− 1.263)	− 0.003 (− 0.174)
Age	0.003 (0.482)	− 0.002 (− 0.373)	− 0.113 ** (− 45.312)	− 0.049 ** (− 23.523)	− 0.113 ** (− 45.269)	− 0.049 ** (− 23.403)
Growth	0.002 (0.809)	0.001 (0.412)	− 0.000 (− 0.099)	− 0.005 ** (− 4.357)	− 0.000 (− 0.014)	− 0.005 ** (− 4.293)
Pro	0.078 ** (3.314)	0.112 ** (4.822)	0.069 ** (15.079)	0.109 ** (13.292)	0.072 ** (15.668)	0.111 ** (13.401)
Lev	− 0.125 ** (− 3.298)	− 0.245 ** (− 7.142)	− 0.050 ** (− 10.263)	0.140 ** (5.537)	− 0.055 ** (− 11.040)	0.139 ** (5.489)
Cash	− 0.215 ** (− 3.879)	− 0.175 *** (− 2.744)	− 0.039 ** (− 3.304)	− 0.028 (− 1.553)	− 0.048 ** (− 4.037)	− 0.033 (− 1.828)
Salary	0.007 ** (3.297)	0.006 ** (3.116)	− 0.011 ** (− 10.538)	− 0.006 ** (− 5.238)	− 0.011 ** (− 10.307)	− 0.006 ** (− 5.129)
Inde	− 0.012 (− 1.275)	− 0.014 (− 1.487)	0.008 (1.716)	− 0.018 ** (− 3.106)	0.008 (1.632)	− 0.019 ** (− 3.135)
Inter		− 0.158 ** (− 4.732)		0.211 ** (8.420)		0.211 ** (8.430)

续表

变量	FC（WW 指数）		RDI［Ln（R&D+1）］			
	模型 1	模型 2	模型 3	模型 4	模型 5	模型 6
Debt		0.083 * （2.143）		−0.034 ** （−2.901）		−0.035 ** （−2.981）
Share		−0.112 ** （−3.450）		0.124 ** （5.076）		0.124 ** （5.051）
Subsidiary		−0.023 （−1.437）		−0.105 （−1.138）		−0.117 （−1.263）
Tax		−1.065 ** （−6.447）		0.667 ** （5.496）		0.652 ** （5.365）
FC （WW 指数）					−0.037 ** （−5.930）	−0.016 * （−1.973）
个体效应	控制	控制	控制	控制	控制	控制
时间效应	控制	控制	控制	控制	控制	控制
Adj. R²	0.136	0.224	0.117	0.277	0.128	0.251
Sample	8185	8185	8185	8185	8185	8185

注：* 代表显著性 $p<0.05$，** 代表显著性 $p<0.01$；括号外为对应变量的回归系数、括号内为 t 值。

资料来源：国泰安数据库（CSMAR）、中国研究数据服务平台（CNRDS）、样本企业的公司官方网站与招股说明书等。

3. 缩尾处理

为了避免极端值影响研究结果的准确性，本书使用 Winsorize 对解释变量、中介变量与被解释变量进行 2% 的双边缩尾处理，得到处理后的新变量，重新进行分析。结果如表 5-7 所示，回归的系数的符号、方向、显著性水平等与表 5-3 基本一致，说明研究结果较为可靠。

表 5 – 7   双边缩尾处理的稳健性检验

变量	FC（SA 指数）winsor		RDIwinsor			
	模型 1	模型 2	模型 3	模型 4	模型 5	模型 6
截距	8.986** (8.149)	11.645** (9.432)	0.992** (20.301)	1.155** (20.251)	1.021** (20.864)	1.265** (22.125)
Size	-0.477** (-3.027)	-0.522** (-11.789)	-0.010** (-5.385)	-0.025** (-14.788)	-0.012** (-6.164)	-0.029** (-16.731)
Fixed	-0.119 (-0.633)	-0.084 (-0.448)	-0.008 (-0.990)	-0.016 (-1.535)	-0.009 (-1.039)	-0.016 (-1.544)
Intangible	-0.141 (-0.310)	-0.137 (-0.302)	-0.011 (-0.522)	-0.016 (-0.581)	-0.011 (-0.547)	-0.014 (-0.519)
Age	-0.622** (-3.540)	-0.666** (-3.810)	0.004 (0.502)	-0.044** (-12.297)	0.002 (0.241)	-0.046** (-12.927)
Growth	-0.078* (-2.437)	-0.092** (-2.886)	0.002 (1.494)	-0.009** (-4.786)	0.002 (1.318)	-0.009** (-4.677)
Pro	-1.740** (-3.163)	-1.475** (-2.844)	0.054** (8.457)	0.140** (10.998)	0.048** (7.504)	0.117** (9.231)
Lev	5.254** (3.904)	3.162** (7.555)	-0.044** (-6.238)	0.166** (5.693)	-0.027** (-3.565)	0.195** (6.709)
Cash	-7.296** (-5.743)	-6.599** (-4.332)	-0.046* (-2.795)	-0.005 (-0.195)	-0.070** (-4.153)	-0.075** (-2.781)
Salary	0.155** (4.531)	0.165** (4.836)	-0.010** (-6.557)	0.001 (0.299)	-0.009** (-6.230)	0.000 (0.092)
Inde	-0.345* (-2.226)	-0.368* (-2.388)	0.003 (0.480)	-0.041** (-4.574)	0.002 (0.316)	-0.045** (-5.120)
Interwinsor		-1.841** (-4.237)		0.272** (9.044)		0.236** (7.883)
Debtwinsor		1.765** (5.095)		-0.088** (-4.866)		-0.064** (-3.587)

续表

变量	FC（SA 指数）$_{winsor}$		RDI$_{winsor}$			
	模型 1	模型 2	模型 3	模型 4	模型 5	模型 6
Share$_{winsor}$		−1.471** (−3.576)		0.116** (3.991)		0.085** (2.960)
Subsidiary$_{winsor}$		1.804 (0.642)		−0.250 (−1.629)		−0.268 (−1.763)
Tax$_{winsor}$		−1.799** (−6.079)		1.006** (5.127)		0.668** (3.404)
FC （SA 指数）$_{winsor}$					−0.003** (−6.325)	−0.009** (−12.479)
个体效应	控制	控制	控制	控制	控制	控制
时间效应	控制	控制	控制	控制	控制	控制
Adj. R^2	0.115	0.214	0.089	0.252	0.111	0.269
Sample	8185	8185	8185	8185	8185	8185

注：＊代表显著性 $p < 0.05$，＊＊代表显著性 $p < 0.01$；括号外为对应变量的回归系数、括号内为 t 值。

资料来源：国泰安数据库（CSMAR）、中国研究数据服务平台（CNRDS）、样本企业的公司官方网站与招股说明书等。

第四节　营商环境的调节效应分析

一、营商环境的调节作用回归结果

为了避免因交互项而产生的多重共线性影响、提高研究结果的可靠性，本书首先对解释变量（内源融资、债务融资、股权融资、财政补贴与税收优惠）与调节变量（营商环境的三个维度：市场化水平、法治化水平与政府治理水平）进行了中心化处理。随后，在模型1加入市场化水平的基础上，模型2加入了经过中心化处理的各融资渠道与市场化水平的交互项（内源融资×市场化水平、债务融资×市场化水平、股权融资×市场化水平、财政补贴×市场化水平、税收优惠×市场化水平），检验在不同市场化水平下，内源融资、债务融资、股权融资、财政补贴、税收优惠对创业板上市公司创新投资的影响。回归结果如表5–8所示，调整后R^2为0.296，$P=0.000<0.01$，说明模型2合理有效。根据模型2的分析结果，市场化水平分别增强了内源融资（$\beta=0.030$，$t=1.989$，$p<0.05$）与创新投资、股权融资（$\beta=0.194$，$t=3.226$，$p<0.01$）与创新投资、税收优惠（$\beta=0.065$，$t=3.008$，$p<0.01$）与创新投资之间的正向作用，即在市场化水平更高的地方，内源融资、股权融资或税收优惠对创业板上市公司创新投资的刺激效应更加显著。然而，未发现债务融资（$\beta=-0.019$，$t=-1.095$，$p>0.05$）与创新投资、财政补贴（$\beta=0.007$，$t=0.528$，$p>0.05$）与创新投资之间存在显著的调节作用。基于此，假设H_{12a}、假设H_{12c}、假设H_{12e}成立，假设H_{12b}、假设H_{12d}不成立。

表5–8　　　　　　　　　营商环境的调节效应分析

变量	RDI					
	模型1	模型2	模型3	模型4	模型5	模型6
Controls	控制	控制	控制	控制	控制	控制
Inter	0.376 ** (9.852)	0.291 ** (7.341)	0.376 ** (9.845)	0.279 ** (7.033)	0.371 ** (9.760)	0.277 ** (7.290)
Debt	−0.095 ** (−5.309)	−0.117 ** (−6.476)	−0.094 ** (−5.214)	−0.086 ** (−4.615)	−0.091 ** (−5.113)	−0.083 ** (−4.722)
Share	0.237 ** (6.350)	0.201 ** (5.183)	0.237 ** (6.337)	0.202 ** (5.416)	0.232 ** (6.236)	0.133 ** (3.491)

续表

变量	RDI					
	模型 1	模型 2	模型 3	模型 4	模型 5	模型 6
Subsidiary	-0.204 (-1.450)	-0.109 (-0.782)	-0.217 (-1.544)	-0.188 (-1.332)	-0.219 (-1.564)	-1.750 (-1.050)
Tax	0.918^{**} (4.967)	0.672^{**} (3.017)	0.920^{**} (4.978)	0.503^{**} (2.891)	0.930^{**} (5.050)	0.731^{**} (4.241)
Market	0.013 (1.503)	0.016 (1.570)				
Law			0.108 (1.261)	0.099 (1.130)		
Gov					-0.015 (-0.792)	-0.026 (-1.264)
Inter × Market		0.030^{*} (1.989)				
Debt × Market		-0.019 (-1.095)				
Share × Market		0.194^{**} (3.226)				
Subsidiary × Market		0.007 (0.528)				
Tax × Market		0.065^{**} (3.008)				
Inter × Law				0.048^{*} (2.201)		
Debt × Law				0.005 (0.483)		
Share × Law				0.166^{**} (5.024)		

续表

变量	RDI					
	模型1	模型2	模型3	模型4	模型5	模型6
Subsidiary × Law				−0.006 (−0.662)		
Tax × Law				0.062 ** (3.578)		
Inter × Gov						0.064 * (2.404)
Debt × Gov						−0.039 * (−2.137)
Share × Gov						0.091 * (2.064)
Subsidiary × Gov						0.012 (0.918)
Tax × Gov						0.073 ** (3.467)
个体效应	控制	控制	控制	控制	控制	控制
时间效应	控制	控制	控制	控制	控制	控制
Adj. R^2	0.258	0.296	0.224	0.285	0.208	0.233
Sample	8185	8185	8185	8185	8185	8185

注：* 代表显著性 $p<0.05$，** 代表显著性 $p<0.01$；括号外为对应变量的回归系数、括号内为 t 值。

资料来源：国泰安数据库（CSMAR）、中国研究数据服务平台（CNRDS）、样本企业的公司官方网站与招股说明书、《中国分省企业经营环境指数 2020 年报告》等。

其次，在模型 3 加入法治化水平的基础上，模型 4 加入了经过中心化处理的各融资渠道与法治化水平的交互项（内源融资×法治化水平、债务融资×法治化水平、股权融资×法治化水平、财政补贴×法治化水平、税收优惠×法治化水平），检验法治化水平是否调节了融资渠道与创业板上市公司创新投资之间的关系。模型 4 调

整后的 R^2 为 0.285，P = 0.000 < 0.01，说明模型整体可靠，且法治化水平调节了内源融资（β = 0.048，t = 2.201，p < 0.05）与创新投资、股权融资（β = 0.166，t = 5.024，p < 0.01）与创新投资、税收优惠（β = 0.062，t = 3.578，p < 0.01）与创新投资之间的关系，但未发现其在债务融资（β = 0.005，t = 0.483，p > 0.05）与创新投资、财政补贴（β = -0.006，t = -0.662，p > 0.05）与创新投资之间的调节效应。基于此，假设 H_{13a}、假设 H_{13c}、假设 H_{13e} 成立，假设 H_{13b}、假设 H_{13d} 不成立。

最后，在模型 5 加入政府治理水平的基础上，模型 6 加入了经过中心化处理的各融资渠道与政府治理水平的交互项（内源融资 × 政府治理水平、债务融资 × 政府治理水平、股权融资 × 政府治理水平、财政补贴 × 政府治理水平、税收优惠 × 政府治理水平），检验政府治理水平是否调节了融资渠道与创业板上市公司创新投资之间的关系。模型 6 表明，调整后的 R^2 为 0.233，P = 0.000 < 0.01，说明模型整体比较可靠。具体而言，政府治理水平调节了内源融资与创新投资（β = 0.064，t = 2.404，p < 0.05）、债务融资与创新投资（β = -0.039，t = -2.137，p < 0.05）、股权融资（β = 0.091，t = 2.064，p < 0.05）与创新投资、税收优惠（β = 0.073，t = 3.467，p < 0.01）与创新投资之间的关系，但未发现其在财政补贴与创新投资（β = 0.012，t = 0.918，p > 0.05）之间的显著调节作用。基于此，假设 H_{14a}、假设 H_{14b}、假设 H_{14c}、假设 H_{14e} 成立，假设 H_{14d} 不成立。

二、稳健性检验

1. 使用 Tobit 模型检验

考虑到被解释变量中存在一定比例取值为"0"的观测值，为了消除普通回归分析可能存在的偏差问题，本书使用 Tobit 模型对营商环境的调节效应重新进行分析（张多蕾和邹瑞，2021）。实证分析结果如表 5 - 9 所示，用于检验营商环境调节效应的交互项系数大小虽然有所变化，但是符号、显著性水平等未发生明显变化。简言之，Tobit 模型检验结果与前文（表 5 - 8）的结果基本保持一致，说明比较稳健。

表 5 - 9　　　　　　　　　　Tobit 模型的稳健性检验

变量	RDI					
	模型 1	模型 2	模型 3	模型 4	模型 5	模型 6
Controls	控制	控制	控制	控制	控制	控制
Inter	0.258 ** (8.284)	0.139 ** (4.823)	0.267 ** (8.607)	0.097 * (2.088)	0.250 ** (7.994)	0.153 ** (3.378)
Debt	-0.066 ** (-3.553)	-0.058 ** (-3.053)	-0.066 ** (-3.572)	-0.053 ** (-2.780)	-0.056 ** (-2.971)	-0.075 ** (-3.869)
Share	0.110 ** (3.643)	0.084 ** (2.856)	0.107 ** (3.582)	0.094 ** (3.054)	0.104 ** (3.426)	0.121 ** (3.839)
Subsidiary	-0.137 (-0.864)	-0.449 (-0.624)	-0.218 (-1.380)	-0.398 (-0.521)	-0.185 (-1.162)	-0.182 (-0.232)
Tax	1.179 ** (5.803)	0.901 ** (4.456)	1.176 ** (5.802)	0.590 ** (2.931)	1.242 ** (6.080)	0.963 ** (4.762)
Market	0.015 (0.518)	0.010 (0.345)				
Law			0.060 (0.748)	0.054 (0.639)		
Gov					-0.016 (-0.532)	-0.013 (-0.448)

续表

变量	RDI					
	模型 1	模型 2	模型 3	模型 4	模型 5	模型 6
Inter × Market		0.065 ** (5.768)				
Debt × Market		-0.006 (-0.515)				
Share × Market		0.092 ** (3.520)				
Subsidiary × Market		0.003 (0.499)				
Tax × Market		0.017 * (2.198)				
Inter × Law				0.050 ** (4.688)		
Debt × Law				-0.017 (-1.484)		
Share × Law				0.066 ** (2.655)		
Subsidiary × Law				0.001 (0.268)		
Tax × Law				0.022 * (2.045)		
Inter × Gov						0.028 ** (2.785)
Debt × Gov						-0.057 ** (-5.006)
Share × Gov						0.031 * (1.976)

续表

变量	RDI					
	模型 1	模型 2	模型 3	模型 4	模型 5	模型 6
Subsidiary × Gov						0.001 (0.036)
Tax × Gov						0.015* (2.120)
个体效应	控制	控制	控制	控制	控制	控制
时间效应	控制	控制	控制	控制	控制	控制
Adj. R^2	0.277	0.292	0.280	0.301	0.267	0.285
Sample	8185	8185	8185	8185	8185	8185

注：* 代表显著性 $p<0.05$，** 代表显著性 $p<0.01$；括号外为对应变量的回归系数、括号内为 t 值。

资料来源：国泰安数据库（CSMAR）、中国研究数据服务平台（CNRDS）、样本企业的公司官方网站与招股说明书、《中国分省企业经营环境指数 2020 年报告》等。

2. 改变样本区间

2013 年召开的党的十八届三中全会指出要建设公平、公正、高效的竞争环境，实现市场在资源配置中的主导作用，建设高质量的营商环境得到了更多的关注。2020 年出版的《中国分省企业经营环境指数 2020 年报告》一书中，营商环境衡量指标仅更新至 2019 年，2020 年、2021 年两个年度的缺失数据用之前年份的加权平均数代替。因此，本书将建设高质量营商环境的相关精神要求出台的第二年（2014 年）作为始点，将可获得的最新营商环境指数的 2019 年作为截止点，截取 2014～2019 年的（共 4724）样本进行了稳健性检验。结果如表 5-10 所示，交互项的系数符号方向、显著性检验结果与表 5-8 基本一致，再次说明研究结论比较稳健。

表 5 – 10　　截取样本区间（2014～2019 年）的稳健性检验

变量	RDI					
	模型 1	模型 2	模型 3	模型 4	模型 5	模型 6
Controls	控制	控制	控制	控制	控制	控制
Inter	0.090 ** (3.115)	0.087 ** (3.014)	0.098 ** (3.369)	0.099 ** (3.395)	0.094 ** (3.207)	0.093 ** (3.192)
Debt	− 0.041 * (− 2.240)	− 0.042 * (− 2.334)	− 0.043 * (− 2.356)	− 0.044 * (− 2.427)	− 0.039 * (− 2.152)	− 0.040 * (− 2.176)
Share	0.116 ** (3.872)	0.104 ** (3.394)	0.097 ** (3.065)	0.089 ** (2.731)	0.125 ** (4.137)	0.112 ** (3.686)
Subsidiary	0.106 (0.799)	0.122 (0.925)	0.068 (0.510)	0.081 (0.608)	0.102 (0.765)	0.081 (0.587)
Tax	0.385 ** (2.637)	0.360 * (2.436)	0.378 ** (2.580)	0.334 * (2.236)	0.387 ** (2.621)	0.377 * (2.539)
Market	0.012 (1.095)	0.012 (1.143)				
Law			0.015 (1.667)	0.016 (1.746)		
Gov					− 0.022 (− 0.684)	− 0.019 (− 0.593)
Inter × Market		0.027 ** (2.693)				
Debt × Market		− 0.079 (− 1.163)				
Share × Market		0.113 ** (2.624)				

变量	RDI					
	模型 1	模型 2	模型 3	模型 4	模型 5	模型 6
Subsidiary × Market		-0.103 (-0.190)				
Tax × Market		0.023 * (2.514)				
Inter × Law				0.065 ** (5.474)		
Debt × Law				-0.088 (-1.516)		
Share × Law				0.108 ** (3.055)		
Subsidiary × Law				0.184 (0.419)		
Tax × Law				0.065 ** (2.613)		
Inter × Gov						0.032 ** (2.967)
Debt × Gov						-0.041 ** (-3.630)
Share × Gov						0.035 * (2.123)
Subsidiary × Gov						0.006 (0.209)
Tax × Gov						0.046 * (2.204)

续表

变量	RDI					
	模型 1	模型 2	模型 3	模型 4	模型 5	模型 6
个体效应	控制	控制	控制	控制	控制	控制
时间效应	控制	控制	控制	控制	控制	控制
Adj. R^2	0.254	0.273	0.261	0.295	0.242	0.278
Sample	4724	4724	4724	4724	4724	4724

注：*代表显著性 $p < 0.05$，**代表显著性 $p < 0.01$；括号外为对应变量的回归系数、括号内为 t 值。

资料来源：国泰安数据库（CSMAR）、中国研究数据服务平台（CNRDS）、样本企业的公司官方网站与招股说明书、《中国分省企业经营环境指数 2020 年报告》等。

第六章

异质性检验

　　当前，我国不同企业的借贷成本与融资能力呈现出明显的异质性，引起企业间资本配置扭曲、经营效率下降（刘超和邢嘉宝，2020）。而不同产权性质的创业板企业，公司治理机制、组织决策程序、制度合法性、资源获取能力、市场认可度等均有所不同，导致融资结构与创新投资之间的关系也有所区别。在此情境下，如果不加以区分探究，必然导致研究结论缺乏针对性与情境性，降低研究的实践意义。因此，本章从"产权性质""两职合一""行业性质""高管海外背景"等多个视角，对创业板上市公司的融资渠道与创新投资之间关系进行异质性检验，以得到更具情境应用性、更贴合微观实践的研究结论，进而精准高效地指导创业板上市公司以及其他利益相关者（如银行、股东、证券机构）等做出更具针对性的管理决策或投资方案，并为政府主管部门制定更精细化的干预政策提供决策参考。

第一节　产权性质的异质性检验

　　自创业板成立以来，吸引了大量国有资本、民营资本与外国资本等关注，有力提升了创业板上市公司的资金禀赋与竞争能力。虽然一些文献指出非国有企业的产权关系比较清晰，生产效率要高于国有企业（Song et al.，2011），然而在当前经济转轨背景与资源禀赋结构下，我国金融市场（包括信贷市场与证券市场）存在所有权歧视现象（Huang et al.，2020；潘红波和杨海霞，2022）。相较于非国有企业，国有企业拥有更强的制度合法性，往往更容易被行业参与者所认可，也更容易获得银行等金融机构的贷款以及证券市场投资者的青睐（Zhang et al.，2016）。

同时，国有企业需要扮演引领经济方向与稳定市场关系的角色，对相关负责人采用类似政府部门的考核制度（Luo and Li，2015；严若森等，2019）。一旦无法完成任务，相关责任人可能需要承担一定的责任，例如调离岗位、降职撤职或者延缓提拔等。而国有企业高管自身兼具"经济人"与"政治人"的双重身份，追求经济效益与追求宏观调控的双重动机将在一定程度上影响企业的投资行为与投资决策，出现投资低效率的情形（金宇超等，2016）。而非国有企业的行政色彩较为淡薄，主要关注投资人的权益，强调投资活动的高效率与回报率。

为了检验创业板上市公司融资渠道与创新投资之间关系是否因产权性质而存在异质性，本书将样本按照是否有国有股份进行分组（"0" ＝ 无国有持股、"1" ＝ 有国有持股），并重新进行回归分析。在计量经济学当中，Chow Test 用于检验两组数据是否存在着结构性变化，如表 6 - 1 所示，Chow - Test 检验结果为 F ＝ 7.058，p ＝ 0.000 ＜ 0.01，意味着两职合一会对模型带来结构性变化。具体而言，第一，相比于比无国有股份的创业板上市公司，有国有股份的创业板上市公司内源融资对创新投资的正向作用更强（0.412 ＞ 0.317），说明后者的资源禀赋更加丰富、组织规模也更大，相应的内源融资能力更强，能够创造更多的盈余公积与未分配利润。第二，无国有股份的创业板上市公司债务融资未对创新投资产生显著影响（β = − 0.038，t = − 1.910，p > 0.05），可能是由于无国有股份的企业难以获得银行等债权人的低利率、长周期、大金额的借款，即通过借贷方式获取的资金较为有限，难以对企业经营活动产生显著影响（刘惠好和焦文妞，2021）；而有国有股份的创业板上市公司债务融资对创新投资具有显著负向作用（β = − 0.153，t = − 3.116，p < 0.01），可能是有国有股份的企业更受信贷市场债权人的信任，从而获得了较多的债务融资资金。为了树立标杆典范（Bench-marking），积极兑现债务融资还本付息的市场承诺、稳定借贷市场关系、防止出现金融风险，政府主管部门也要求有国有股份的企业尽可能将债务融资资金用于收益确定、周期较短的经营项目，而非长周期性的研发创新活动（刘博，2016）。第三，相比于无国有股份的创业板上市公司（β = 0.175，t = 4.337，p < 0.01），有国有股份的创业板上市公司股权融资对创新投资的正向作用更强（β = 0.463，t = 3.860，p < 0.01），这可能是由于股权投资者认为其更值得投资。第四，无论有无国有股份，财政补贴对创业板上市公司的创新投资均不存在显著的作用。第五，税收优惠对于有国有股份的创业板上市公司创新投资并无显著影响（β = 0.591，t = 1.065，p > 0.05），而对无国有股份的创业板上市公司创新投资有着显著的促进作用（β = 1.241，t = 6.145，p < 0.01），这可能是相比于前者，后者往往组织规模更小、资源禀赋更薄弱、可供支配使用的资金较少，更需要通过开展符合政府需要的经营活动以获得税收方面的支持，因此其创新投资对税收优惠的依赖性越大（徐晔等，2021）。

表 6 - 1　　　　　　　　　　产权性质的异质性检验

变量	Ownership = 0	Ownership = 1
Controls	控制	控制
Inter	0.317 ** (7.696)	0.412 ** (3.365)
Debt	-0.038 (-1.910)	-0.153 ** (-3.116)
Share	0.175 ** (4.337)	0.463 ** (3.860)
Subsidiary	-0.088 (-0.567)	-0.260 (-0.674)
Tax	1.241 ** (6.145)	0.591 (1.065)
个体效应	控制	控制
时间效应	控制	控制
Chow - Test	F = 7.058，p = 0.000	
R^2	0.291	0.220
Adj. R^2	0.290	0.209
Sample	7131	1054

注：** 代表显著性 $p < 0.01$；括号外为对应变量的回归系数、括号内为 t 值。
资料来源：国泰安数据库（CSMAR）、中国研究数据服务平台（CNRDS）、样本企业的公司官方网站与招股说明书等。

第二节　两职合一的异质性检验

作为一种特定的领导权力结构，两职合一是指董事长兼任总经理，削弱了股东对于公司高层管理者的监督，形成了较大的管理层权力。管理层权力理论认为高层管理者拥有过高的权力会导致委托人与代理人之间的关系超出公司契约预期，使高层管理者在公司决策中拥有绝对的权力，产生管理机会主义风险与短视行为，从而降低对创新投资等长期性战略活动的关注（朱滔和丁友刚，2016；Gao et al.，2022）。

根据表 6 - 2，Chow - Test 检验结果为 F = 3. 316，p = 0. 000 < 0. 05，表明两职合一会对模型带来结构性变化。第一，相比两职分离的创业板上市公司，两职合一的创业板上市公司内源融资对创新投资的正向作用更强（0. 410 > 0. 282），说明对于创业企业而言，董事长兼任总经理对公司的经营决策有更强的支配权，更强调通过内部资金推动研发创新，以最大可能地实现自身利益的最大化（董屹宇和郭泽光，2019）。第二，两职合一的创业板上市公司债务融资未对创新投资产生显著影响（β = - 0. 017，t = - 0. 648，p > 0. 05），说明两职合一为了保护自身的利益、减少受债权人的影响，将尽可能地避免债务融资，导致债务融资资金较少，难以对创新投资等企业经营活动产生影响；而两职分离的创业板上市公司债务融资对创新投资具有显著抑制作用（β = - 0. 086，t = - 3. 377，p < 0. 01），可能是由于董事长与总经理两职分离，可以形成较好的权力制衡关系，推动形成相对完善的内部治理机制，促使企业不愿意将债务融资资金用于回报周期长、收益不确定的创新投资，以免背负债务融资还本付息的压力，影响企业的可持续发展。第三，相比两职分离的创业板上市公司（β = 0. 177，t = 3. 540，p < 0. 01），两职合一的创业板上市公司股权融资对创新投资的正向作用更强（β = 0. 261，t = 4. 386，p < 0. 01），说明后者更重视将从证券资本市场获取的资金用于创新投资活动，以吸引投资人的关注。第四，无论是否两职合一，财政补贴对创业板上市公司的创新投资均不存在显著的作用。第五，税收优惠对于两职分离的创业板上市公司创新投资有着较强的正向影响（β = 1. 273，t = 4. 904，p < 0. 01），

而对两职合一的创业板上市公司创新投资的正向影响相对较弱（$\beta = 0.779$，$t = 2.774$，$p < 0.01$），这可能是相比后者，前者往往更重视政府相关政策指向与公司治理效率，更愿意通过开展税收减免的战略性活动获得政府的支持，因此其创新投资对税收优惠的依赖性较大。

表 6 - 2　　　　　　　　　　　　两职合一的异质性检验

变量	Duality = 0	Duality = 1
Controls	控制	控制
Inter	0.282 ** (5.485)	0.410 ** (6.792)
Debt	-0.086 ** (-3.377)	-0.017 (-0.648)
Share	0.177 ** (3.540)	0.261 ** (4.386)
Subsidiary	-0.171 (-0.858)	-0.079 (-0.375)
Tax	1.273 ** (4.904)	0.779 ** (2.774)
个体效应	控制	控制
时间效应	控制	控制
Chow - Test	F = 3.316，p = 0.000	
R^2	0.264	0.302
Adj. R^2	0.262	0.299
Sample	4480	3705

注：** 代表显著性 $p < 0.01$；括号外为对应变量的回归系数、括号内为 t 值。

资料来源：国泰安数据库（CSMAR）、中国研究数据服务平台（CNRDS）、样本企业的公司官方网站与招股说明书等。

第三节　行业性质的异质性检验

2015 年国务院印发的制造强国战略十年行动纲领——《中国制造 2025》明确指出"制造业是国民经济的基础，是立国之本、兴国之器、强国之基"，然而与欧美发达国家相比，我国制造业在自主创新能力、资源利用效率、产业结构布局、信息化水平、全要素生产率等方面仍然比较薄弱（孙嘉泽等，2022；徐礼伯，2022）。因此，要努力"实现中国制造向中国创造、中国速度向中国质量、中国产品向中国品牌"的三大转变，争取到 2025 年基本实现工业化，迈入制造强国行列。为了探讨创业板在践行《中国制造 2025》相关精神要求、推动实体经济稳健发展中的作用，本书剔除了金融业、卫生与社会工作行业、批发与零售行业等可能含有异常研发费用或没有研发活动的企业，将余下的创业板上市公司分为制造业与非制造业进行分组回归（樊利和李忠鹏，2020）。其中，制造业编码为"1"，非制造业编码为"0"。

根据表 6-3，Chow-Test 检验结果为 $F = 6.825$，$p = 0.000 < 0.05$，意味着是否制造业这一属性会对模型带来结构性变化。第一，内源融资对制造业企业与非制造业企业的创新投资均有显著的刺激作用，且前者（$\beta = 0.366$，$t = 7.209$，$p < 0.01$）的刺激效应要稍微强于后者（$\beta = 0.315$，$t = 5.075$，$p < 0.01$）。第二，债务融资在制造业企业中的回归系数 β 为 -0.079（$t = -3.618$），通过了 1% 的显著性水平检验，与总样本结果一致，说明债务融资抑制了制造业企业的创新投资。然而，在非制造业中结果不显著（$\beta = -0.017$，$t = -0.486$，$p > 0.05$），说明在非制造业中，债务融资与企业创新投资无关。这可能是由于非制造业多属于服务行业或轻资产行业，可提供的固定资产或实物抵押资产较少。在缺少抵押资产的情况下，银行等债权人基于风险考虑，往往不愿意将资金借贷给非制造业企业，防止投资失败而无法回收资金，即非制造业企业难以获得债务融资，其创新投资也就与债务融资无关。第三，在制造业行业中，股权融资对创业板上市公司的创新投资具有显著的促进作用（$\beta = 0.287$，$t = 5.750$，$p < 0.01$）；而在非制造业行业中，未发现股权融资的显著作用（$\beta = 0.116$，$t = 1.922$，$p > 0.05$）。这说明在当前强调发展实体经济、注重"脱虚向实"的政策背景下，"用脚投票"的证券市场投资者普遍对制造业持有较为乐观的态度，相应地制造业上市公司也更容易获得股权投资者的支持，从而有更多的资金可被用于研发创新。相反，非制造业更容易遭遇融资困境，难以在证券市场上获得足够的资金支持，无法对创新投资产生显著的影响。第四，无论是制造业行业（$\beta = -0.241$，$t = -1.321$，$p > 0.05$），还是非制造业行业（$\beta = -0.019$，$t = -0.081$，$p > 0.05$），财政补贴均不会对创业板上市公司的创新投资产生显著影响。第五，相比于制造业（$\beta = 0.947$，$t = 3.927$，$p < 0.01$），非制造业创业板上市公司（$\beta = 1.378$，$t = 4.032$，$p < 0.01$）的创新投资对税收优惠的依赖度较大，可能是由于其难以从证券市场上获得足够的资金支持，因此通过积极开展符合政府相关税收优惠政策规定的研发创新，以增强企业的价值创造能力。

表 6 - 3　　　　　　　是否制造业的异质性检验

变量	Industry = 0	Industry = 1
Controls	控制	控制
Inter	0.315 ** (5.075)	0.366 ** (7.209)

变量	Industry = 0	Industry = 1
Debt	−0.017 (−0.486)	−0.079** (−3.618)
Share	0.116 (1.922)	0.287** (5.750)
Subsidiary	−0.019 (−0.081)	−0.241 (−1.321)
Tax	1.378** (4.302)	0.947** (3.927)
个体效应	控制	控制
时间效应	控制	控制
Chow − Test	F = 6.825，p = 0.000	
R^2	0.351	0.238
Adj. R^2	0.348	0.236
Sample	2516	5669

注：** 代表显著性 p < 0.01；括号外为对应变量的回归系数、括号内为 t 值。

资料来源：国泰安数据库（CSMAR）、中国研究数据服务平台（CNRDS）、样本企业的公司官方网站与招股说明书等。

第四节　高管海外背景的异质性检验

高管是企业战略决策的制定者、组织资源的配置者，其海外背景（Oversea background）对于诸如技术创新等长期性活动可能产生重要影响。具体而言，拥有海外背景的高管往往具备前沿的技术视野、先进的管理理念、多元化的知识结构、乐于创新的思维，因此更重视研发创新等战略性活动（淦未宇和刘曼，2022），能够显著提高企业的创新投资。同时，具有海外背景的高管也更具有前瞻性的眼光与国际化的视野，更能识别经营过程中的风险，发现更多的机会，能够通过降低企业的不当投资行为来提升企业投资的效率（代昀昊和孔东民，2017）。因此，拥有海外背景的高管的创业板上市公司，主要关注在国际上具有一定竞争力的前沿技术与产品，更容易获得市场投资者的青睐，资金筹措能力也相应更强（Su and Kim，2022）。为了探讨融资渠道与创新投资之间关系是否因高管的海外背景而存在异质性，本书将高管拥有海外背景的创业板上市公司赋值为"1"，否则为"0"，进行分组回归对比。

根据表 6 – 4，Chow – Test 检验结果为 F = 3.653，p = 0.000 < 0.05，意味着高管海外背景会对模型带来结构性变化。第一，无论创业板上市公司的高管是否具有海外背景，内源融资对创新投资均有显著的刺激作用，不过高管有海外背景的创业板上市公司（β = 0.309，t = 5.989，p < 0.01）的刺激效应要稍微弱于高管无海外背景的创业板上市公司（β = 0.355，t = 5.924，p < 0.01）。第二，债务融资在高管有海外背景的企业中的回归系数 β 为 – 0.072（t = – 2.952），通过了 1% 的显著性水平检验，与总样本结果一致，说明债务融资抑制了此类企业的创新投资。可能的解释是拥有海外背景的高管更强调资本运作的协同性与匹配性，在其他融资渠道足以支撑创新活动的前提下，将债务融资优先用于收益确定的短期性活动。然而，在高管无海外背景的企业样本中结果不显著（β = – 0.048，t = – 1.706，p > 0.05），可能是银行等债权人认为此类企业的高管缺少海外背景，其所从事的活动很难形成战略竞争力，因此所提供的债务资金有限，以保证自身收益的稳定性，即债务融资与企业创新投资无关。第三，无论高管有无海外背景，股权融资均对创业板上市公司的创新投资具有显著的正向刺激作用，且二者的影响系数相差不多，说明高管的海外背景对于股权融资与创新投资之间关系的异质性影响不大。第四，无论高管有无海外背景，财政补贴均不会对创业板上市公司的创新投资产生显著影响。第五，相比于高管有海外背景的企业（β＝0.991，t＝3.950，p＜0.01），高管无海外背景的创业板上市公司（β＝1.367，t＝4.709，p＜0.01）的创新投资对税收优惠的依赖度较大，可能的一个解释是无海外背景的高管更熟知国内政府与市场之间的关系，更关注政府对于企业的税收政策，以获得更多的制度性资源支持。

表6－4　　　　　　　　　　高管海外背景的异质性检验

变量	Oversea = 0	Oversea = 1
Controls	控制	控制
Inter	0.355 ** (5.924)	0.309 ** (5.989)
Debt	− 0.048 (− 1.706)	− 0.072 ** (− 2.952)
Share	0.213 ** (3.657)	0.201 ** (3.942)
Subsidiary	− 0.144 (− 0.684)	− 0.156 (− 0.792)
Tax	1.367 ** (4.709)	0.991 ** (3.950)
个体效应	控制	控制
时间效应	控制	控制
Chow – Test	F = 6.825，p = 0.000	
R^2	0.322	0.249
Adj. R^2	0.319	0.247
Sample	3500	4685

注：** 代表显著性 p＜0.01；括号外为对应变量的回归系数、括号内为 t 值。

资料来源：国泰安数据库（CSMAR）、中国研究数据服务平台（CNRDS）、样本企业的公司官方网站与招股说明书等。

第七章

结论与讨论

基于本书第五章与第六章的实证分析与异质性检验结果，结合创业板上市公司的实际，本章依次讨论了研究发现、理论价值、管理启示、研究不足与未来研究展望等内容。

第一节　研究结论

2020 年，新冠肺炎疫情对世界经济造成了巨大冲击，传统的跨国分工受到了巨大挑战，大量企业破产倒闭、全球供应链受到严重破坏、各国失业人口剧增（何德旭等，2021；孙嘉泽等，2022）。联合国发布的《2021 年可持续发展融资报告（Financing for Sustainable Development Report 2021）》指出，"全球经济经历了 1990 年以来最严重的衰退，最脆弱的社会群体受到的影响最大。估计全球损失了 1.14 亿份工作，约 1.2 亿人陷入了极端贫困"，应当"通过提供资金的流动性和债务减免支持来避免债务困境，使发展中国家能够应对新冠肺炎疫情及其经济和社会影响。"新冠肺炎疫情揭露了全球供应链的脆弱性与不确定性，发达国家趁机要求高端制造业回流本土，逆全球化趋势进一步增强，抑制了我国的出口贸易与全球价值链分工的稳定性（周玲玲和张恪渝，2020）。而根据创造性破坏理论的观点，剧烈突变的环境孕育着大量创新、创业、创造的机会，往往是企业、产业乃至国家实现技术突破、发展新兴产业、重构战略竞争优势的重要契机。我国在饱受疫情影响的背景下，2020年新注册企业数量824.4万家，较2019年仍然增长了7.93%，其中注册资本在10万元以下的小微企业增长率更是高达11.55%（廖理等，2021）。大量新创企业纷纷聚焦于疫苗开发、病毒防护、健康护理、生物医药、远程医疗、线上教育、人机交互、元宇宙等前沿领域，通过多元渠道构建企业健康、稳定的融资结构，获得更多的资金支持，强化领域内的创新投资与技术研发，力争获得先行者优势，抢占市场的有利位置，发展可持续的战略竞争力，也在一定程度上成为了后疫情时代经济恢复与社会平稳的巨大推动力（田素华和李筱妍，2020）。然而，多样化的融资渠道意味着融资成本或多或少存在一定的差异，对新创企业创新投资的影响也存在异质性，有必要进行详细探究，以期得出更具理论深度、更具实践价值的结论。

本书基于优序融资理论、政府干预理论、信息不对称理论等观点，在文献回顾与理论分析的基础上，利用2010~2021年856家创业板上市公司、总计8185个样本的非均衡面板数据进行实证分析，探讨了融资渠道与企业创新投资之间的逻辑关系，并分析了融资约束的中介作用与营商环境的调节作用（结果如表7-1所示），并得出结论。

表7-1　　　　　　　　　实证分析结果汇总

假设	假设内容	结果
H₁	内源融资促进了创业板上市公司的创新投资	成立

假设	假设内容	结果
H_{2a}	债务融资促进了创业板上市公司的创新投资	不成立
H_{2b}	债务融资抑制了创业板上市公司的创新投资	成立
H_{3a}	股权融资促进了创业板上市公司的创新投资	成立
H_{3b}	股权融资抑制了创业板上市公司的创新投资	不成立
H_{4a}	财政补贴促进了创业板上市公司的创新投资	不成立
H_{4b}	财政补贴抑制了创业板上市公司的创新投资	不成立
H_{5a}	税收优惠促进了创业板上市公司的创新投资	成立
H_{5b}	税收优惠抑制了创业板上市公司的创新投资	不成立
H_6	创业板上市公司的融资约束程度抑制了创新投资	成立
H_{7a}	内源融资降低了创业板上市公司的融资约束程度	成立
H_{7b}	内源融资通过降低创业板上市公司的融资约束程度，进而促进创新投资，即融资约束在内源融资与创新投资之间起中介作用	成立
H_{8a}	债务融资降低了创业板上市公司的融资约束程度	不成立
H_{8b}	债务融资通过降低创业板上市公司的融资约束程度，进而促进创新投资，即融资约束在债务融资与创新投资之间起中介作用	不成立
H_{8c}	债务融资加重了创业板上市公司的融资约束程度	成立
H_{8d}	债务融资通过加重创业板上市公司的融资约束程度，进而抑制创新投资，即融资约束在债务融资与创新投资之间起中介作用	成立
H_{9a}	股权融资降低了创业板上市公司的融资约束程度	成立
H_{9b}	股权融资通过降低创业板上市公司的融资约束程度，进而促进创新投资，即融资约束在股权融资与创新投资之间起中介作用	成立
H_{9c}	股权融资加重了创业板上市公司的融资约束程度	不成立
H_{9d}	股权融资通过加重创业板上市公司的融资约束程度，进而抑制创新投资，即融资约束在股权融资与创新投资之间起中介作用	不成立

假设	假设内容	结果
H_{10a}	财政补贴资降低创业板上市公司的融资约束程度	不成立
H_{10b}	财政补贴通过降低创业板上市公司的融资约束程度,进而促进创新投资,即融资约束在财政补贴与创新投资之间起中介作用	不成立
H_{10c}	税收优惠降低创业板上市公司的融资约束程度	成立
H_{10d}	税收优惠通过降低创业板上市公司的融资约束程度,进而抑制创新投资,即融资约束在财政补贴与创新投资之间起中介作用	成立
H_{11a}	财政补贴加重了创业板上市公司的融资约束程度	不成立
H_{11b}	财政补贴通过加重创业板上市公司的融资约束程度,进而促进创新投资,即融资约束在税收优惠与创新投资之间起中介作用	不成立
H_{11c}	税收优惠加重了创业板上市公司的融资约束程度	不成立
H_{11d}	税收优惠通过加重创业板上市公司的融资约束程度,进而抑制创新投资,即融资约束在税收优惠与创新投资之间起中介作用	不成立
H_{12a}	市场化水平调节了内源融资与创业板上市公司创新投资之间的关系	成立
H_{12b}	市场化水平调节了债务融资与创业板上市公司创新投资之间的关系	不成立
H_{12c}	市场化水平调节了股权融资与创业板上市公司创新投资之间的关系	成立
H_{12d}	市场化水平调节了财政补贴与创业板上市公司创新投资之间的关系	不成立
H_{12e}	市场化水平调节了税收优惠与创业板上市公司创新投资之间的关系	成立
H_{13a}	法治化水平调节了内源融资与创业板上市公司创新投资之间的关系	成立

续表

假设	假设内容	结果
H_{13b}	法治化水平调节了债务融资与创业板上市公司创新投资之间的关系	不成立
H_{13c}	法治化水平调节了股权融资与创业板上市公司创新投资之间的关系	成立
H_{13d}	法治化水平调节了财政补贴与创业板上市公司创新投资之间的关系	不成立
H_{13e}	法治化水平调节了税收优惠与创业板上市公司创新投资之间的关系	成立
H_{14a}	政府治理水平调节了内源融资与创业板上市公司创新投资之间的关系	成立
H_{14b}	政府治理水平调节了债务融资与创业板上市公司创新投资之间的关系	成立
H_{14c}	政府治理水平调节了股权融资与创业板上市公司创新投资之间的关系	成立
H_{14d}	政府治理水平调节了财政补贴与创业板上市公司创新投资之间的关系	不成立
H_{14e}	政府治理水平调节了税收优惠与创业板上市公司创新投资之间的关系	成立

一、融资渠道的主效应

1. 内源融资促进了创业板上市公司的创新投资

研究结果表明创业板上市公司的内源融资显著地提升了创新投资。首先，内源融资主要来源于企业内部的盈余公积、未分配利润等，不存在交易成本，不会因有到期还本付息的压力而必须把内源融资资金都用于短期经营项目，也不必担心丧失企业控制权而拒绝使用股权融资，因此充足的内源融资可以促进企业的创新投资（于胜道等，2022）。其次，内源融资不存在与外部投资者签订的各种协议限制，在资金使用支配上相对自由、灵活性高。当通过其他融资方式获取的资金在使用受限时，企业可以把内源融资资金优先用于研发活动，保证一定强度的创新投资以获取技术产出，这也再次说明内源融资是创业型企业在早期阶段进行研发创新的关键保障（Colombo et al.，2013）。不过，内源融资水平主要取决于公司过去的经营绩效表现，而创业板上市公司的留存收益往往比较有限，面对巨大的资金需要，如何平衡研发活动与其他价值链环节之间的关系也是高层管理者需要考虑的重点（乔建伟，2020）。

2. 债务融资抑制了创业板上市公司的创新投资

根据实证分析结果，债务融资显著抑制了创业板上市公司的创新投资。主要的原因如下，第一，鉴于研发创新具有不确定性、高风险性、非对称性、长周期性等特征，为了降低借贷的风险、保障自身权益，债务融资（商业信用、银行信贷、企业债券、融资租赁）的提供者——债权人往往要求企业签订限制性协议，尽可能规避此类活动，而把资金投向未来收益更确定、回报周期较短的短期经营项目，即债务融资抑制了企业的研发创新投资（Boubaker et al.，2018；陈良华等，2019）。第二，严重的信息不对称意味着借贷双方对投资项目的风险与收益存在信息偏差，导致借方要求贷方支付更高的资金成本，因此企业高层管理者往往也倾向于将债务融资资金用于回报较快、风险较小、预期收益确定的短期投资，例如引进设备、市场推广、渠道建设、短期债券等活动（Lemmon and Zender，2019）。第三，债务融资到期需要还本付息，而研发创新活动存在较高的收益不确定性，如果到期无法还本付息，可能导致企业陷入严重的财务困境，影响日常的经营活动与可持续发展，甚至面临破产清算的风险（张岭，2020）。换言之，创业板上市公司的高成长性意味着资金需求量巨大，需要将有限的资金均衡地用于价值链活动的各个环节，以保证企业的整体协调发展。因此，创业板上市公司可能将债务融资资金优先用于收益较为稳定的短期经营项目，回避收益不确定、战略周期长的创新投资活动。该结论与已有文献认为信贷市场偏好资本密集型活动、抵触技术密集型活动的观点基本一致（李真等，2020）。

3. 股权融资促进了创业板上市公司的创新投资

本书的实证分析结果表明，股权融资有助于创业板上市公司提升创新投资。可能是由于股权融资不仅增加了长期现金流，而且不像债务融资到期需要还本付息，企业的财务成本压力相对较小，可用于研发活动的资金也相对充裕（胡恒强等，2020），这与已有研究认为证券市场上的股权融资者更偏好技术密集型活动的结论基本吻合（Brown et al.，2013）。创业板中许多企业主要从事符合国家长期战略需要、获得诸多政策支持的战略性新兴产业（如新材料、新能源汽车、生物医药、集成电路、人工智能等），而专注前沿领域与先进技术的公司往往被认为拥有良好的发展潜力，股票的预期收益也更高（潘海英和胡庆芳，2019）。因此，股权投资者为了获取高投资收益回报，更愿意购买该公司的股票，从而有效地丰富了研发活动所需的资金，提升了创新投资的强度（Vismara，2018；张岭，2020）。

4. 未发现财政补贴对创业板上市公司创新投资的显著影响

本书研究并未发现财政补贴是否提高或者抑制了创业板上市公

司的创新投资，主要原因如下：第一，本书受限于数据的可得性与连续性，未能够将财政补贴区分为事前与事后。作为事前干预措施的事前财政补贴，开展研发创新活动并不一定是获得政府财政补贴的必要前提，满足国家相关政策或者法律规定才是最关键的（Lee，1996）。同时，除非政府规定了事前财政补贴的资金用途，否则企业具有较为灵活的支配权，进行寻租的可能性较大（Zheng et al.，2022）。对于资金需求量较大的创业板上市公司而言，可能将事前财政补贴资金用于扩大产能、购买设备、市场推广等价值链的其他活动环节，而非见效周期长、收益不确定的研发创新活动，从而抑制了创新投资。另外，强调事后干预措施的事后财政补贴如研发补贴，往往要求企业必须开展研发活动，从而提升了创新投资。简言之，本书未发现财政补贴对创新投资产生显著影响的原因，可能是事前财政补贴的抑制效应与事后财政补贴的刺激效应相互抵消。第二，也有一些研究认为当前我国的创新投入力度已经足够，政府主管部门应当设计更具针对性的政策制度（例如减少不必要的信贷限制、提高信贷精准度）支持生产效率更高的公司开展研发活动，积极将财政补贴从数量转向质量，从而避免因劳动力与资本扭曲配置而导致创新效率低下的情形，有效发挥财政补贴对于创新的刺激效应，实现创新在中国经济高质量增长中的引领作用（Koenig et al.，2022）。

5. 税收优惠促进了创业板上市公司的创新投资

实证分析结果表明，税收优惠有助于提升创业板上市公司的创新投资。可能的解释如下：税收优惠主要属于事后激励措施，通常的形式包括但不仅限于税收减免、税收减让、税收折扣、延期纳税、加速折旧、特别税率减免、设备免税购置等（于文超等，2018）。我国从 20 世纪 90 年代开始实行高新技术企业认定方法，对于获得资格认定的企业给予15%的企业所得税优惠税率等激励措施。为了获得企业所得税等方面的优惠，创业板上市公司必须不断地增加研发创新投入力度，维持高新技术企业的资格条件或者实现研发费用在税收中的加计扣除（许玲玲等，2021）。考虑到税收优惠对创新投资的正向刺激作用，在明确高新技术企业认定政策的前提下，政府主管部门应当设计更加精准、更大力度的研发费用加计扣除政策（江笑云等，2019）。

综上，本书的实证分析结果表明，创业板上市公司的创新投资回报周期长、成果产出不确定性明显，因此在选择融资渠道之时，并不遵循优序融资理论的基本观点，而政府干预理论与信息不对称理论则能够更好地解释创新投资的融资偏好。不过，需要指出的是作为政府干预企业活动的政策工具之一，财政补贴还可以分为事前补贴与事后补贴，其对创新投资究竟具有何种作用，也是值得进一步探讨的议题。

二、融资约束的中介效应

1. 融资约束对创业板上市公司创新投资的作用

实证分析结果表明，作为反映融资成本高低的指标，融资约束对创业板上市公司的创新投资具有明显的抑制效应。资金提供者对企业投资活动的冲击预期，会加大企业的财务杠杆率，提升企业融资的难度，形成融资约束困境（Lambrinoudakis et al.，2019）。融资约束程度越高，资金使用成本越高，企业面临的财务压力与破产风险也越大（司海平等，2021）。因此，为了维持正常的运营，陷入融资约束困境的企业往往会采用减少雇佣人数、降低资本运作、关注短期活动、弱化研发投入等方式，相应地创新投资的力度也随之下降，企业的探索性活动与创新项目可能终止，最终阻碍了企业的创新绩效与可持续发展（张璇等，2019）。

2. 融资约束在创业板上市公司融资渠道与创新投资之间的中介作用

本书的研究结论证明，融资约束是融资渠道影响创新投资的重要中间机制。从公司治理的角度来看，每一种融资方式均存在资金使用成本、均会面临或多或少的融资约束问题，从而对企业创新投资的方向、强度等战略决策产生影响（Campello et al. , 2010；李真等，2020）。

实证分析结果表明：

第一，内源融资降低了融资约束程度，并通过降低融资约束程度提高了创新投资。一方面，内源融资主要来自企业内部的资本公积、未分配利润等，主要取决于自身的盈利能力，资金成本较低（项桂娥等，2021）。另一方面，相比于外部投资者，内部投资者对创新项目的信息掌握更加充分、准确，可以有效防止资源扭曲、提高资金配置的效率性（李真等，2020）。因此，内源融资缓解了创业板上市公司所面临的融资约束困境，进而促进了创新投资。

第二，债务融资加重了融资约束程度，并通过加剧融资约束程度抑制了创新投资。债务融资意味着企业面临着更高水平的负债，财务杠杆效应提升、偿债责任增加、违约风险扩大，融资成本也相应地增加。与其他投资相比，创新活动的复杂性与风险性造成了创业板上市公司债务融资的不确定性，而创新项目的信息不对称性加剧了寻求评估其潜在价值的局外人挑战，进而增加了债务融资成本，导致更严重的融资约束问题，进一步抑制了创新投资（De Rassenfosse and Fischer, 2016；胡恒强等，2020）。这可能是由于银行、担保机构等的借款导致创业板上市公司在面对还本付息的压力之时，倾向于将债务融资资金用于可以快速获得回报、收益稳定的短期投资项目，而非诸如研发创新等长期投资项目，避免背负沉重的债务负担而影响企业的可持续发展（Lemmon and Zender，2019；刘博，2016）。

第三，股权融资降低了融资约束程度，并通过降低融资约束程度提高了创新投资。创业板上市公司主要关注前沿性的技术，其创新成果一旦商业化成功，往往有助于培育先行者优势，抢占较多的市场份额，因此比较受追求长期收益的股权投资者的偏好（Lambrinoudakis et al.，2019）。同时，相比于债权投资人，股权投资人更重视长期回报与潜在收益，更愿意支持创新活动，因此企业管理层对于股权融资资金的使用也较为自由灵活，资金成本较低。

第四，本书未发现财政补贴对融资约束程度的显著影响，也未发现融资约束在其与创新投资之间的显著中介效应。一方面，本书未将财政补贴区分为事前财政补贴与事后财政补贴：事前财政补贴缺乏有效的事中监督与事后评价机制，财政补贴的资金的使用可能比较混乱与分散，抑制了创新投资；事后财政补贴则往往有利于创新投资（Blanes and Busom，2004），抑制效应与刺激效应互相抵消。另一方面，不像税收优惠有特定的政策法规对企业的权利与义务加以明确，财政补贴更多取决于政府（如当地财政状况、产业发展需要、政策制定者认知等），具有不稳定性、非必然性的特征（Luo and Li，2015）。因此，不稳定、非连续的财政补贴无法保证企业必然获得财政补贴，也就不会影响融资约束程度，更无法对创新投资等长期性战略活动产生效用。

第五，税收优惠降低了融资约束程度，并通过降低融资约束程度提高了创新投资。一方面，如前所述，我国设计、采取与现行税收制结构不同的税收制度，对符合相关要求的企业等特定课税对象给予减轻或者减免税收负担。企业为了满足税收优惠的条件，必然要开展诸如创新投资的经营活动（白旭云等，2019）。另一方面，作为事后激励措施，税收优惠中的所得税优惠将直接提高企业投资的净利润，丰富企业的资金基础，减少对高调整成本的其他资金来源的依赖性，从而降低了融资成本与融资约束程度，最终影响企业的创新投资策略（朱永明等，2019）。

三、营商环境的调节效应

营商环境好的地区经济快速发展，政府干预较少，相关规章制度也较为完善，劳动者和生产资料在市场中的流动性较强，更强调市场在资源配置中的主导性作用，相对应的市场化水平、法治化水平、政府治理水平等也较高（杜运周等，2022；许玲玲等，2021）。

为了探讨创业板上市公司所在地的营商环境对融资渠道与创新投资之间关系的影响，本书基于王小鲁等主编的《中国分省企业经营环境指数2020年报告》，选择了最能反映营商环境质量的市场化水平、法治化水平与政府治理水平，并对缺失年份的数据采用加权平均的方法进行计算。随后，将融资渠道的五种方式（内源融资、债务融资、股权融资、财政补贴与税收优惠）与营商环境的三个维度（市场化水平、法治化水平与政府治理水平）的15个交互项加入模型进行回归分析，得出了以下主要结论：

1. 市场化水平在融资结构与创业板上市公司创新投资之间的调节作用

本书的实证分析结果表明：市场化水平分别增强了内源融资、股权融资、税收优惠与创业板上市公司创新投资之间的正向关系。

市场化水平高的地区，市场经济体制比较完善，市场在资源配置中的主导作用更加明显，强调企业通过市场竞争获得投资回报（许玲玲等，2021）。即，市场化水平越高，资源的市场驱动性越强，越有利于企业开展融资活动，从而减轻企业由于资金不足带来的创新投资压力，提升企业创新投资的动力。而市场化水平较低的地方，市场上的投资机会较少，企业应当重视与政府之间的关系，以获得政府的更多政策性支持（Lee，1996）。然而，企业的这种非生产性行为又将耗费内部有限的人力、物力、财力，同时企业通过股权融资或者税收优惠所获得的资源又被大量地占用，大大降低了资源的效用与投资的效率，最终影响创新投资（朱永明等，2019）。

本书未发现市场化水平在债务融资（或财政补贴）与创业板上市公司创新投资之间的调节作用。可能的解释是对于债务融资而言，市场化水平并不会提高或者降低债权人对于还本付息的条件要求，债务融资与创新投资之间的关系也就不会受到影响。而财政补贴对于创新投资的主效应不显著，因此其关系也不会受到市场化水平的影响。

2. 法治化水平在融资结构与创业板上市公司创新投资之间的调节作用

根据实证分析结果，法治化水平分别增强了内源融资、股权融资、税收优惠与创业板上市公司创新投资之间的正向关系。首先，在法治化水平高的地区，法律法规更加完善，社会治安相对稳定，产权保护力度更高，进而减少企业研发溢出损失，推动融资渠道对创新投资的支持（吴超鹏和唐菂，2016）。其次，完善的法治环境有助于营造公平、透明的竞争条件，引导公司更加规范地遵守相关法律法规与会计准则，保障融资资金使用的效率性（Bushman and

Piotroski，2006）。

然而，未发现法治化水平在债务融资（或财政补贴）与创业板上市公司创新投资之间的调节作用。高融资成本的债务融资，容易导致高融资约束程度，为此企业主要考虑的是债务融资所带来的还本付息压力，而法治化水平并不能减轻或者增强其对创新投资的作用。而财政补贴与创新投资的主效应不成立，因此二者之间的关系也必然无法受到法治化水平的影响。

3. 政府治理水平在融资结构与创业板上市公司创新投资之间的调节作用

实证分析结果显示：政府治理水平分别增强了内源融资、股权融资、税收优惠与创业板上市公司创新投资之间的正向关系，也增强了债务融资与创业板上市公司创新投资之间的负向关系。这说明随着国家强调持续推进"放、管、服"的力度，各地区政府不断提高行政审批效率，优化政务服务质量，提升政府治理水平，构建关怀、高效、廉洁、透明的政府。政府治理水平的提升，意味着政府对经济活动与市场运行的干预范围、力度逐步缩小，行政性垄断造成资源扭曲与低效率的风险大大降低（张多蕾和邹瑞，2021）。在政府这一外部干预因素从负面向正面转变的背景下，创业板上市公司无须将有限的资源用于非正式产权保护、关系维持等非生产性活动上，拥有更主动的决策自主权，其融资渠道对创新投资的作用也得到了进一步加强。

然而，未发现政府治理水平在财政补贴与创业板上市公司创新投资之间的调节作用。这主要是财政补贴本身并未对创新投资产生直接的影响，而政府治理水平的高低也不是诱发二者产生必然联系的外界因素。

第二节　研究的管理启示

近年来，以美国为首的西方发达国家借口国家安全对我国的产品出口进行打压，并限制我国进口高端芯片、新材料等高技术含量产品（杜贞利，2021）。在商品出口与技术引进双重受限的情境下，不论是我国政府主管部门，还是作为市场活动主体的企业，都必须重视创新投资，增加研发投入强度，创造出具有强战略竞争力、高产业化潜力的前沿科技，避免"卡脖子"问题影响我国企业可持续发展、产业结构优化与经济高质量增长（徐礼伯和沈坤荣，2022）。目前，创业板市场已经成为我国新经济和创新型企业获取资金支持、提高研发投入强度、实现可持续发展的最佳选择（项桂娥等，2021）。本书针对创业板上市公司融资渠道、融资约束、营商环境与创新投资之间关系的研究，为创业板上市公司与政府政策制定者提供了一定的管理启示。

一、对创业板上市公司的管理启示

作为科技创新与市场活动的主体力量，企业在我国创新投资金额中占比超过三分之二，是国家与区域创新系统（national and regional innovation systems）的重要组成部分，对于推动我国技术进步、创新成果商业化应用、产学研合作等发挥着举足轻重的作用（Giebel and Kraft，2019）。一般而言，企业主要通过价值创造（value creation）和价值攫取（value capture）获得战略竞争优势：（1）价值创造通常依赖于研发活动，实现技术创新、获得高质量产品，为客户创造新的价值，推动组织的长期良性发展；（2）价值攫取则主要依赖于广告营销，从现有客户身上获取更多的利润，并不利于组织的长期持续发展（王业静等，2021）。因此，如何平衡价值创造（如研发创新）与价值攫取（如广告营销）之间的资源配置关系，是战略管理的重心。在创业板上市的企业中，高科技企业占比已达90%以上，具备一定的自主研发能力；属于战略性新兴行业的企业占比70%以上，表现出研发活跃度高、创新能力强的特征。然而相比于主板上市公司，创业板上市公司不仅要面临较少资源禀赋、较高创新风险、较弱成果转化能力等缺点（孙一等，2021），而且在多层次资本市场中还具有融资规模较小、融资能力较弱、融资成本较高的典型特征（李汇东等，2013；肇启伟，2021）。

由于创业板上市公司主要从事符合国家创新驱动发展战略的前沿科技、新兴产业，强调通过研发投入与技术创新抢占价值链分工的有利位置，因此对于价值创造活动的依赖性更大。在技术创新过程中，稳定的多元化融资渠道、健康合理的融资结构、相对低廉的融资成本、竞争透明的营商环境，是创业板上市公司实现高质量创新产出的关键因素（董孝伍，2018；范从来，2016）。具体而言，

1. 稳定可靠的融资渠道是激励创业板上市公司加大创新投资的前提

第一，考虑内源融资对创新投资的积极促进作用，创业板上市公司应当尽可能地实现经营活动的持续性与盈利性，创造更多的内部现金流（如计提折旧、留存收益等），防止内源融资不足对创新投资造成的波动性（李真等，2020）。尤其对于融资成本较高、容易遭遇融资约束困境的企业而言，早期的研发创新活动更是对内部融资能力的依赖性较大，只有保证稳定、充实的内部资金，才能够支撑创新活动的可持续性（李汇东等，2013；潘海英和胡庆芳，

2019）。

　　第二，如果预期收益不容乐观，无法保证充足的内源资金，创业板上市公司也可以通过合理地发行股票、引进新股东获得更多的外部资金支持，以保证必要的创新投资力度，进而支持企业发展更具竞争力的前沿技术获得先行者优势（张岭，2020；张一林等，2016）。然而，为了避免商业机密的泄露、保持相对的竞争优势，企业一般不愿向外部投资者过多披露研发活动的重要信息，导致外部投资者处于信息受限的一方，使其无法准确地评估投资项目的价值，甚至对净利润为正的研发项目进行了错误的估计（司海平等，2021）。虽然高风险也意味着高回报，但是外部投资者在进行投资时会进行全方位的考察与权衡，而企业要获得更充裕的股权融资也需要做出一定的妥协和利益让渡（唐跃军和左晶晶，2020；张玉娟等，2018）。此外，鉴于未来经营收益存疑，股东可能对投资该公司缺乏动力。因此，如何有效吸引股东投资，保证稳定的证券市场资金来源，实现对创新投资的可持续性支持，也是管理层迫切需要解决的难题。

　　第三，债权人出于保护自身权益的考虑，往往对资金的用途做了相关的限制性要求，导致债务融资对创新投资产生消极的抑制作用（Boubaker et al.，2018；陈良华等，2019）。因此，创业板上市公司可以将债务融资资金优先用于见效快、收益确定的短期活动，如引进设备、扩大产能、增强市场推广等，防止承担沉重的还本付息压力，影响企业的现金流与其他价值链活动（项桂娥等，2021）。

　　第四，创业板上市公司应当积极寻求政府的税收优惠的支持，节省资金支出，进而提升创新投资。创业板上市公司规模相对较小、资源禀赋相对薄弱、制度合法性相对不足等固有特征，限制了其内源融资与股权融资能力。在政府税收优惠这一政策的支持下，企业应当把握契机，积极开展相应的活动，满足获取税收优惠的相关要求，提高净利润水平，从而提升创新投资的力度，加大研发成果市场化的概率（吴伟伟和张天一，2021）。

2. 破解融资约束困境是创业板上市公司增强创新投资的关键

激发创业板上市公司在前沿技术突破与经济高质量发展中的重要作用，关键在于通过破解融资成本较高的现实困境，弱化融资约束程度，增强创新投资力度、获取更具竞争力的前沿技术（张炳发等，2019）。例如，创业板上市公司可以积极运用数字化技术与手段，一方面加强对企业金融信息的处理、盘活闲置资产、提高内源融资效率；另一方面实现与投资人的信息共享，发挥数字化在股权融资中的核心媒介功能，进而弱化信息不对称问题，缓解企业所面临的融资约束程度（华岳等，2022；张艾莉和孙新宇，2022）。

3. 创业板上市公司应当积极参与构建高水平的营商环境

随着互联网信息技术的快速发展，企业所面临的困境不再是信息获取难度大、获取成本高，而是信息爆炸所带来的甄别难度大、利用成本高的问题（蔡贵龙等，2022）。分析营商环境对融资渠道与创新投资之间的调节作用，实质上是检验我国市场化改革与营商环境建设是否取得成效的有力证据。对于企业而言，融资资金能否被用于研发活动、创新投资能否获得充足的资金支持、投资效率能否避免扭曲与低效率，与其所在的营商环境息息相关（刘娟和唐加福，2022；徐晔等，2021）。高质量的营商环境是保证资金投入效用最大化的外部保障，有助于避免盲目创新，防止出现"创新泡沫"。市场化水平、法治化水平与政府治理水平是反映营商环境优劣的重要指标，代表着竞争规则是否合理、制度建设是否完善、

"放管服"力度是否足够，与企业创新投资效率有着紧密的关联。例如，"高地价"导致用地成本上升，相应的厂房租金、劳动力价格以及其他衍生费用也随之上涨，抬升了市场交易成本，促使市场化水平产生较大波动，恶化了营商环境，最终影响了企业研发创新的决策（范子英等，2022）。因此，作为市场经济活动的重要主体、前沿技术创新的关键力量，创业板上市公司应当积极参与营商环境的构建及优化，致力于通过合法合理的市场竞争提升市场化水平，推动地区法治化进程，影响政府治理能力，进而打造一个更加公平、公正与透明的营商环境，为拓宽融资渠道、降低融资成本、强化创新投资提供重要的外部保障。

总而言之，对于创业板上市公司而言，应当借助多层次的资本市场与多边金融机构力量，合理利用各类投融资工具，准确识别不同融资渠道对创新投资的差异性作用，有针对性地降低企业的融资成本，破解融资约束困境，保证作为创新关键投入要素的金融资本效率性（司海平等，2021）。同时，创业板上市公司还应当积极参与构建高水平的营商环境，严格遵守市场竞争的规则，强化相应融资渠道对创新投资的积极影响（杜运周等，2022）。

二、对于政府主管部门的启示

政府干预的初衷在于为公众、社会乃至国家创造更高的价值，保证经济稳定、有序、健康的发展（Kleer，2010）。从内部而言，改革开放以来，我国经济经历了较快的发展，城镇化、工业化、农业现代化等进程明显，而政府在这个转型过程中发挥了举足轻重的作用（洪银兴，2021）。在创新驱动发展战略的要求下，政府主管部门应当继续发挥积极的政策作用，充分重视创业板上市公司在我国创新、创业、创造中所发挥的示范性效应，保证其能够拥有多元、均衡、健康的融资结构，推动价值链的升级与产业链的转型（肖黎明和李鑫，2014；张杰等，2022）。尤其是在国内国际双循环新格局建设的现实背景下，顺畅、可持续的内循环关键之一在于强化创新投资，获得拥有自主知识产权的先进技术、引领新兴产业的健康发展、满足市场的多元需求。

从外部而言，近年来经济"逆全球化"趋势愈加明显，国际经济循环正处于深度调整期，大变局之下孕育着更多的创新创业机会。西方发达国家致力于"再工业化"政策，并对我国采取技术封锁与管制，严重威胁着我国在全球价值链分工中的作用（徐礼伯和张雪平，2019）。2020年5月20日，时任美国总统特朗普发布了《美国应对中国的战略路径》。2021年2月4日，美国总统拜登在美国国务院发表"关于美国在世界上地位的讲话"，认为中国是美国最值得关注的竞争对手。2022年5月26日，美国国务卿布林肯在亚洲协会（Asia Society）发表对华政策演讲，强调了对华政策的三个关键：投资（Invest）、协同（Align）、竞争（Compete）。同时，反复不定的新冠肺炎疫情加深了"逆全球化"趋势，对全球需求端与供给端造成了巨大冲击，这也迫使我国企业必须主动走出去，通过高质量的创新创业活动，抢占全球价值链分工的有利位置，增强技术研发与市场推广的竞争力（廖理等，2021；Wang et al.，2020）。因此，政府要通过精确高效的制度设计，引导创业板上市公司识别融资渠道、融资约束、营商环境与创新投资之间的逻辑关系。

1. 政府主管部门应当继续践行"放、管、服"要求

考虑内源融资、股权融资与税收优惠为创业板上市公司提升创新投资力度、加强技术研发提供了资金保障，政府主管部门应当践行"放、管、服"要求，避免过多干预企业的正常运营活动，并积

极维持平稳、健康的营商环境，避免企业盈利水平与资金来源受到不必要的外部冲击（胡恒强等，2020）。例如，政府主管部门可以利用人工智能、大数据、云计算等技术构建金融科技平台，打造数据可比较、可计量、可追溯的金融监管科技，服务于企业融资需要，弱化信息不对称性，降低资金成本，缓解融资约束困境，提升融资效率与投资收益。在防范化解重大金融风险的攻坚战要求下，政府主管部门还要预防资本的无序扩张，保证资本市场的健康稳定运行，稳定创业板上市公司健康、合理的融资来源，进而实现金融资本服务经济高质量发展的战略要求（于文超等，2018；许为宾等，2018）。简言之，"放、管、服"改革的核心在于重塑政府与市场之间的关系，"是全面深化改革、完善社会主义市场经济体制的重要内容，是提高政府现代治理能力、统筹应对复杂局面的关键举措"（国务院发展研究中心课题组，2022）。

2. 政府主管部门合理利用财税等干预工具支持创业板上市公司的创新投资

一般而言，政府干预的保护性作用与掠夺性作用错综复杂地掺杂在一起，其对市场活动主体的影响存在很大不确定性（樊利和李忠鹏，2020；Kleer，2010；刘超和邢嘉宝，2020）。第一，考虑税收优惠影响了融资约束与创新投资，因此为了发挥干预政策的保护性作用、弱化掠夺性作用，本书认为政府主管部门应当设计精准高效的税收优惠政策，在税收减免、税收减让、税收折扣、延期纳税、加速折旧、特别税率减免、设备免税购置等方面继续为创业板上市公司提供支持。

第二，政府还应当提高考核的精确性与效率性，对于真创新、效率高、效率好的创业板上市公司，减少不必要的考核频次、实行更长时间的免税待遇，并加强宣传，力争起到标杆效应；而对于通过假创新骗取税收优惠的创业板上市公司，应当建立"负面清单"，并且对于危害严重、影响恶劣的企业追究必要的法律责任（王善平和王灿，2022）。只有真正做到赏罚分明，才能够有效打击"假创新"的违法行为，保护"真创新"的创业板上市公司，实现政府税收政策的应有效果（严爱玲等，2021）。

3. 政府应当积极打造高质量的营商环境

在信息不对称的市场假设下，企业往往利用自身的信息优势，对外披露有利于获取财政补贴或者税收优惠的企业信息，导致政府干预无法发挥应有作用的情形屡见不鲜（柳光强，2016）。因此，更需要营造公平、开放、透明、可预期的营商环境，不断提高市场化、法治化与政府治理的水平，发挥市场对技术研发方向、战略决策选择和各类创新资源配置的引领性、根本性作用。在政策层面上，中共中央、国务院于 2022 年 4 月 10 日发布了《关于加快建设全国统一大市场的意见》，指出要加快建立全国统一的市场制度规则，打破地方保护和市场分割，打通制约经济循环的关键堵点，致力于构建高效规范、公平竞争、充分开放的全国统一大市场。在此要求下，政府主管部门更是要突破原来"各自为政"的割裂式市场框架，不断提升营商环境质量，为创新投资获得充足、稳定的资金来源保驾护航。

第三节　研究的理论贡献

首先，本书在理论演绎与文献回顾的基础上，较为全面地构建了融资渠道与企业创新投资的分析框架，并提出了对应的假设，随后利用创业板 2010～2021 年 856 家上市公司、总计 8185 个样本的非均衡面板数据进行实证检验。研究结果剖析了不同融资渠道对创新投资的差异化结果及其理论解释，得出了创业板上市公司并不遵循优序融资理论所提出的融资偏好顺序的理论发现，并对这一差异性结论进行了理论分析。

其次，为了剖析融资渠道影响创新投资的内在机制，本书引入了融资约束。融资约束反映了企业资金获取与使用的成本，是融资难易程度的概念抽象（刘惠好和焦文妞，2021）。内源融资、债务融资、股权融资、财政补贴与税收优惠的资金来源渠道不同，其成本存在差异，所产生的融资约束程度必然有所区别，对创新投资的影响也可能有所不同。因此，对于融资约束程度的探析，有助于明确不同融资渠道所带来的融资成本高低，进而准确识别不同融资渠道对价值链各个环节的差异性影响，增强对中间作用机制的知识理解。

再次，本书探讨了营商环境对融资渠道与创新投资之间关系的调节效应。营商环境为企业提供了赖以生存的必要条件，影响着企业经营决策的结果与效率，而我国地理区域跨度大，不同地区的经济发展水平、法治化水平、政府治理水平、公共服务效率等存在诸多差异，导致营商环境良莠不齐，这就要求我们在研究融资渠道对企业创新投资的影响时，要更加全面地考虑营商环境对两者之间关系的调节机制（杜运周等，2022）。为此，本书构建了不同营商环境下融资渠道对企业创新投资的理论模型，深入研究了营商环境（市场化水平、法治化水平与政府治理水平）在融资渠道与企业创新投资之间调节效应的理论机理，丰富了复杂系统管理体系中企业创新投资影响因素的研究视角（杨晓光等，2022）。

最后，本书从产权性质（有无国有持股）、治理结构（是否两职合一）、行业类型（是否为制造业）、高管特征（高管有无海外背景）等视角出发，对融资渠道与创新投资之间的关系进行了异质性检验，增强研究的情境适用性、提升了理论的解释力。

第四节　研究不足与未来研究展望

本书在研究过程中，努力做到科学严谨与客观求真，但由于某些客观因素的限制，仍存在一些不足。

第一，本书仅关注了创业板，研究结论也仅能够为创业板上市公司及其利益相关者提供决策参考。未来研究可以将创业板上市公司与在其他板块（如主板、科创板）上市的公司进行比较，探讨不同板块的上市企业融资渠道、融资约束、营商环境与创新投资之间关系是否存在差异，服务于多层级资本市场的协同发展。

第二，本书虽然较为系统地探讨了不同融资渠道对创业板上市公司创新投资的差异性影响，但各种融资来源仍然可以进一步细分。例如，机构投资者按照地理区域可以划分为境内机构投资者与境外机构投资者，债务融资也有银行、基金、企业、私人等不同的来源，财政补贴还可以细分为事前直接财政补贴与事后间接财政补贴，等等。因此，未来研究有必要对此进行细化分析，得出更加微观、更精细化的结论。

第三，本书仅考虑了政府诸多干预手段中的供给激励，即通过提供财政补贴与税收优惠丰富创业板上市公司的资源禀赋。除了供给激励之外，政府还可以从需求激励（帮助企业获得及扩大市场）、环境激励（改善企业所处的基础环境或条件）等方面刺激创业板上市公司的创新投资。因此，未来研究在解决数据可获得性之后，可以就此问题做进一步的探讨，以丰富政府干预理论的内涵与外延。

第四，本书收集数据时选择了 A 类报表即合并报表的数据，对子公司所处地区营商环境不同造成的差异未作讨论。然而，我国国土面积大、区域差异明显，不同地区的营商环境存在明显不同。对于在诸多地区设立了子公司的创业板上市公司而言，子公司所处的营商环境也必然有所区别。因此，后续研究在收集数据时可以选择B类报表即母公司报表数据，消除子公司所在地区营商环境不同对融资渠道与创新投资之间关系造成的差异性影响，进一步增强研究的情境适用性。

第五，本书研究发现融资约束分别在内源融资、债务融资、股权融资、税收优惠与创新投资之间发挥部分中介作用。因此，未来研究可以继续剖析融资渠道影响创新投资的其他中间机制变量，以更加有效地指导创业板上市公司的融资决策。

第六，相比于美国纳斯达克等发达国家的创业板，我国的创业板成立时间还相对较短，在运行机制、数据统计等方面还存在一定的缺陷。受限于数据披露，创业板上市公司专利数据缺失较多，因此本书未能进一步探讨融资渠道对创新绩效产出的作用。在专利数据披露充分的前提下，未来研究可以探讨融资渠道是否影响了专利产出的数量（如申请或获批的专利数）与质量（如专利的被引用次数），更深入地探析创业板上市公司创新投资的效果产出、更精确地剖析创业板在创新驱动发展战略中的作用。

参 考 文 献

[1] 白旭云，王砚羽，苏欣．研发补贴还是税收激励——政府干预对企业创新绩效和创新质量的影响 [J]．科研管理，2019，40 (6)：9-18.

[2] 蔡贵龙，张亚楠，徐悦，卢锐．投资者—上市公司互动与资本市场资源配置效率 [J]．管理世界，2022 (8)：199-216.

[3] 陈良华，吴凡，王豪峻．银行债务融资对创新投资效率的影响——基于沪深 A 股科技企业的经验证据 [J]．东南大学学报 (哲学社会科学版)，2019，21 (5)：34-44.

[4] 陈紫晴，杨柳勇．融资结构、R&D 投入与中小企业成长性 [J]．财经问题研究，2015 (9)：44-51.

[5] 池仁勇，阮鸿鹏，於珺．新能源汽车产业政府补助与市场融资的创新激励效应 [J]．科研管理，2021，42 (5)：170-181.

[6] 笪琼瑶．知识产权保护对企业创新效率的影响——基于知识溢出视角 [J]．财会月刊，2022 (21)：145-153.

[7] 代昀昊，孔东民．高管海外经历是否能提升企业投资效率 [J]．世界经济，2017，40 (1)：168-192.

[8] 邓娅娟，王元地，秦颖．FDI 对中国制造业行业二元式创新的影响——行业市场化水平和外资进入速度的调节作用 [J]．软科学，2021，35 (11)：13-18.

[9] 丁方飞，谢昊翔．财税政策能激励企业的高质量创新

吗？——来自创业板上市公司的证据 ［J］. 财经理论与实践，2021，42（4）：74－81.

［10］董孝伍. 创业板上市公司的融资偏好问题研究 ［J］. 经济问题，2018（9）：69－73.

［11］董屹宇，郭泽光. 管理层股权激励、两职合一与企业过度负债——基于两种代理理论的分析 ［J］. 当代财经，2019（1）：119－130.

［12］杜建华，徐璐. 融资渠道对企业创新的影响研究——基于创业板上市公司的数据 ［J］. 价格理论与实践，2019（9）：108－111.

［13］杜运周，刘秋辰，陈凯薇，肖仁桥，李珊珊. 营商环境生态、全要素生产率与城市高质量发展的多元模式——基于复杂系统观的组态分析 ［J］. 管理世界，2022（9）：127－144.

［14］杜贞利. "十四五"全面开放任重道远 ［J］. 中国投资，2021（3－4）：20－23.

［15］范从来. 建立驱动创新的融资体系 ［N］. 光明日报，2016－11－02（15）.

［16］范意. 企业融资结构、创新投入和企业绩效研究 ［D］. 湘潭：湘潭大学，2019.

［17］范子英，程可为，冯晨. 用地价格管制与企业研发创新：来自群居识别的证据 ［J］. 管理世界，2022（8）：156－169.

［18］樊利，李忠鹏. 政府补贴促进制造业企业研发投入了吗？——基于资本结构的门槛效应研究 ［J］. 经济体制改革，2020（2）：112－119.

［19］樊颖. 酒类制造业上市公司资本结构与经营绩效相关性研究——基于优序融资理论 ［J］. 广西质量监督导报，2020（11）：113－114.

［20］弗里德里希·李斯特.政治经济学的国民体系［M］.北京：华夏出版社，2009.

［21］淦未宇，刘曼.海归高管与企业创新：基于文化趋同的视角［J］.上海财经大学学报，2022，24（1）：92-106.

［22］宫兴国，于金凤，陈海妹.股权融资与企业研发效率相关性研究——以创业板上市公司为例［J］.会计之友，2015（24）：18-20.

［23］顾元媛，沈坤荣.地方政府行为与企业研发投入——基于中国省际面板数据的实证分析［J］.中国工业经济，2012（10）：77-88.

［24］国务院发展研究中心课题组.持续推进"放管服"改革不断优化营商环境［J］.管理世界，2022（12）：1-8.

［25］郭艳.董事会社会资本与企业技术创新绩效——基于研发投入的中介效应和知识产权保护的调节效应［D］.太原：山西财经大学，2022.

［26］郭园园，成立为.融资约束、现金持有动机与企业研发投资结构失衡——基于倾向得分匹配方法的上市公司数据测度［J］.大连理工大学学报（社会科学版），2019，40（6）：8-16.

［27］郭玥.政府创新补助的信号传递机制与企业创新［J］.中国工业经济，2018（9）：98-116.

［28］何德旭，苗文龙，闫娟娟，沈悦.全球系统性金融风险跨市场传染效应分析［J］.经济研究，2021（8）：4-21.

［29］洪银兴.经济发展的中国道路和习近平经济思想的贡献［J］.经济学动态，2021（12）：10-15.

［30］胡恒强，范从来，杜晴.融资结构、融资约束与企业创新投入［J］.中国经济问题，2020（1）：27-41.

［31］胡杰，秦璐.我国高新技术上市公司R&D投资的融资约

束——基于规模和所有权的实证分析［J］. 技术经济，2013，32（8）：15－20.

［32］华岳，金敏，张勋. 数字基础设施与企业融资约束——来自"宽带中国"的证据［J］. 中国经济学，2022（1）：227－254.

［33］江笑云，汪冲，高蒙蒙. 研发税收减免对企业融资约束的影响极其作用机制：基于微观企业数据的实证研究［J］. 财经研究，2019，45（9）：57－70.

［34］姜秀珍，全林，陈俊芳. 现金流量与公司投资决策——从公司规模角度的实证研究［J］. 工业工程与管理，2003，8（5）：30－34.

［35］焦跃华，孙源. 学者型独立董事与企业创新——来自中国资本市场的经验证据［J］. 会计与经济研究，2021，35（5）：25－42.

［36］金宇超，靳庆鲁，宣扬. "不作为"或"急于表现"：企业投资中的政治动机［J］. 经济研究，2016，51（10）：126－139.

［37］鞠晓生，卢荻，虞义华. 融资约束、营运资本管理与企业创新可持续性［J］. 经济研究，2013（1）：4－16.

［38］孔令学，张文亮，王静. 破解融资困局：中小企业融资渠道、政策、实务［M］. 北京：中国市场出版社，2016.

［39］李汇东，唐跃军，左晶晶. 用自己的钱还是用别人的钱创新？——基于中国上市公司融资结构与公司创新的研究［J］. 金融研究，2013（2）：170－183.

［40］李莉，高洪利，陈靖涵. 中国高科技企业信贷融资的信号博弈分析［J］. 经济研究，2015，50（6）：162－174.

［41］李启平，赵豪. 税收优惠对中国装备制造业发展的财务效应研究：给予2010－2020年上市公司数据［J］. 常州大学学报

（社会科学版），2022，23（3）：1－12.

[42] 李善民，杨若明.融资约束下的并购：代理问题、谨慎投资还是传递信号？[J].管理评论，2022，34（1）：3－16.

[43] 李巍，冯珠珠，李雨洋.研发团队交互记忆系统驱动市场双元的组态机制[J].科技管理研究，2022（14）：123－131.

[44] 李玉刚，叶凯月，吴朋.研发投入、市场化程度与企业专业化经营[J].科研管理，2022，43（4）：158－164.

[45] 李真，席菲菲，陈天明.企业融资渠道与创新研发投资[J].外国经济与管理，2020，42（8）：123－138.

[46] 李政，金晓彤.发展创业型经济的路径模型与政策趋势[J].经济社会体制比较，2008（2）：154－158.

[47] 李正辉，彭浬，汤萱.杰里·豪斯曼对应用计量经济学的贡献[J].经济学动态，2016（11）：148－158.

[48] 连玉君，程建.投资—现金流敏感性：融资约束还是代理成本[J].财经研究，2007，33（2）：37－46.

[49] 廖理，谷军健，袁伟、张伟强.新冠肺炎疫情下中国创业市场分析[J].清华金融评论，2021（10）：107－112.

[50] 刘博.债务融资方式会影响企业创新吗？——来自A股上市公司的实证研究[J].金融发展研究，2016（2）：9－16.

[51] 刘超，邢嘉宝.政府补贴、货币政策与企业研发投入——基于地域和产权性质的异质性研究[J].山东社会科学，2020（12）：135－140.

[52] 刘惠好，焦文妞.银行业竞争、融资约束与企业创新投入——基于实体企业金融化的视角[J].山西财经大学学报，2021，43（10）：56－67.

[53] 刘娟，唐加福.营商环境、投资承载力与企业投资效率[J].管理科学学报，2022，25（4）：88－106.

［54］刘兰剑，张萌，黄天航．政府补贴、税收优惠对专利质量的影响及其门槛效应——基于新能源汽车产业上市公司的实证分析［J］．科研管理，2021，42（6）：9－16．

［55］刘瑞．市场化进程、政府补贴与企业创新绩效［J］．财会通讯，2019（30）：49－53．

［56］李文贵，路军．网络平台互动与股价崩盘风险："沟通易"还是"操纵易"［J］．中国工业经济，2022（7）：178－196．

［57］刘忆斐，王丽平．新经济情境下创业决策逻辑路径的选择机制——一项模糊集定性比较分析［J］．科技进步与对策，2021，38（15）：10－18．

［58］柳光强．税收优惠、财政补贴政策的激励效应分析——基于信息不对称理论视角的实证研究［J］．管理世界，2016（10）：62－71．

［59］鲁桐，党印．公司治理与技术创新：分行业比较［J］．经济研究，2014（6）：115－128．

［60］罗拥华，李一凡．轻资产公司融资结构对研发投入的影响——基于QCA的实证分析［J］．会计之友，2021（18）：91－96．

［61］马光荣，刘明，杨恩艳．银行授信、信贷紧缩与企业研发［J］．金融研究，2014（7）：76－93．

［62］马骏，司晓，袁东明等．数字化转型与制度变革［M］．北京：中国发展出版社，2020．

［63］毛其淋，许家云．政府补贴对企业新产品创新的影响——基于补贴强度"适度区间"的视角［J］．中国工业经济，2015（6）：94－107．

［64］梅冰菁，罗剑朝．财政补贴、研发投入与企业创新绩效——制度差异下有调节的中介效应模型检验［J］．经济经纬，2020，37

（1）：167－176.

［65］苗文龙，张思宇，钟伊云. 全球跨境信贷网络结构与系统性金融风险传染效应［J］. 财贸经济，2021（12）：118－132.

［66］潘海英，胡庆芳. 生命周期视角下企业融资结构与创新水平互动效应研究：基于战略性新兴产业 A 股上市公司的经验证据［J］. 南京审计大学学报，2019，16（4）：81－92.

［67］潘红波，杨海霞. 竞争者融资约束对企业并购行为的影响研究［J］. 中国工业经济，2022（7）：159－177.

［68］乔建伟. 创业板企业融资决策对企业创新绩效的影响［J］. 科技进步与对策，2020，37（12）：90－98.

［69］阮建青，赵吕航，赵祚翔等. 成本上升对中国劳动密集型产业的影响——基于宁波纺织服装产业集群的研究［J］. 浙江大学学报（人文社会科学版），2021，51（6）：119－133.

［70］石绍宾，周根根，秦丽华. 税收优惠对我国企业研发投入和产出的激励效应［J］. 税务研究，2017（3）：43－47.

［71］司海平，陈舒欢，苗妙. 企业诉讼、信号传递与融资约束［J］. 中国经济问题，2021（6）：156－168.

［72］宋永春. 上市公司内部治理对自愿性信息披露的影响探析［J］. 财会月刊，2017（6）：30－35.

［73］苏雪串. 新自由主义与政府干预主义理论与政策实践的演变——金融危机后对政府干预经济的再思考［J］. 学习与实践，2010（5）：17－22.

［74］孙德峰，范从来. 风险投资对企业创新产出的影响研究——以管理层短视为中介变量［J］. 西南民族大学学报（人文社会科学版），2020（9）：100－111.

［75］孙嘉泽，李慧娟，杨军. 新冠肺炎疫情对全球宏观经济和价值链结构的影响［J］. 财经问题研究，2022（1）：52－62.

［76］孙秀峰，张文龙，冯宝军．"去家族化"如何影响企业融资约束——基于创业板家族企业数据的研究［J］.经济管理，2021，43（3）：145－160.

［77］孙一，牟莉莉，陈广山．政府补贴如何促进中小企业成长——外部融资及内部研发投入的中介作用［J］.新疆社会科学，2021（6）：42－56.

［78］孙咏梅，于宏亮、孙雷．外部融资与企业绿色技术创新——基于政府补贴的信号传递效应［J］.山东财经大学学报，2022，34（5）：101－110.

［79］孙早，肖利平．融资结构与企业自主创新——来自中国战略性新兴产业 A 股上市公司的经验证据［J］.经济理论与经济管理，2016（3）：45－58.

［80］唐跃军，左晶晶．创业企业治理模式——基于动态股权治理平台的研究［J］.南开管理评论，2020，23（6）：136－147.

［81］田素华，李筱妍．新冠疫情全球扩散对中国开放经济和世界经济的影响［J］.上海经济研究，2020（4）：109－117.

［82］王刚刚，谢富纪，贾友．R&D 补贴政策激励机制的重新审视——基于外部融资激励机制的考察［J］.中国工业经济，2017（2）：60－78.

［83］王芳，郭雷．数字化社会的系统复杂性研究［J］.管理世界，2022（9）：208－220.

［84］王进富，张耀汀．企业所有权视角下融资活动与研发创新互动关系研究——对 543 家战略性新兴产业上市公司的实证分析［J］.科技进步与对策，2019，36（8）：83－92.

［85］王静，朱瑞雪，李长娥．高管薪酬粘性与企业创新——基于国有上市公司的实证检验［J］.东岳论坛，2022，43（8）：209－122.

[86] 王善平, 王灿. 创新投入、政府补助与融资约束 [J]. 财会月刊, 2022 (9): 27-35.

[87] 王小鲁, 樊纲, 胡李鹏. 中国分省企业经营环境指数2020年报告 [M]. 北京: 社会科学文献出版社, 2020.

[88] 王晓燕, 王梓萌. 外部融资对企业研发投入的影响实证研究——基于动态面板数据的系统 GMM 分析 [J]. 科技管理研究, 2020, 40 (5): 77-82.

[89] 王业静, 刘勇, 单鹏. 创业导向对企业战略重心的影响研究 [J]. 科学学研究, 2022, 40 (7): 1263-1273.

[90] 王政. 数字经济发展跃上新台阶 [N]. 人民日报, 2022-10-02 (1).

[91] 汪芳, 石鑫. 中国制造业高质量发展水平的测度及影响因素研究 [J]. 中国软科学, 2022 (2): 22-31.

[92] 汪军. 创业板上市公司融资结构与研发投入研究 [J]. 财会月刊, 2019 (4): 48-58.

[93] 卫舒羽, 肖鹏. 税收优惠、财政补贴与企业研发投入——基于沪深 A 股上市公司的实证分析 [J]. 税务研究, 2021 (5): 40-46.

[94] 魏浩, 李晓庆. 知识产权保护与中国企业进口产品质量 [J]. 世界经济, 2019 (6): 143-168.

[95] 魏彦杰, 丁怡帆, 曹慧平. 董事长的海外背景与企业研发投入——基于融资约束的中介作用 [J]. 哈尔滨商业大学学报 (社会科学版), 2021 (3): 77-91.

[96] 温忠麟, 叶宝娟. 中介效应分析: 方法和模型发展 [J]. 心理科学进展, 2014 (5): 731-745.

[97] 吴长征. 创业者受教育水平影响新创企业成长吗? ——地区市场化水平的调节效应 [J]. 中山大学学报 (社会科学版),

2019，59（1）：199－208.

[98] 吴超鹏，唐菂．知识产权保护执法力度、技术创新与企业绩效——来自中国上市公司的证据［J］．经济研究，2016（11）：125－139.

[99] 吴伟伟，张天一．非研发补贴与研发补贴对新创企业创新产出的非对称影响研究［J］．管理世界，2021，37（3）：137－160.

[100] 吴尧，沈坤荣．银行竞争的创新效应——来自上市企业专利数据的经验证据［J］．现代经济探讨，2020（7）：51－60.

[101] 伍健，田志龙，龙晓枫等．战略性新兴产业中政府补贴对企业创新的影响［J］．科学学研究，2018，36（1）：158－166.

[102] 夏清华，何丹．政府研发补贴促进企业创新了吗——信号理论视角的解释［J］．科技进步与对策，2020，37（1）：92－101.

[103] 项桂娥，吴铖铖，胡晓明．融资决策、融资约束与企业创新投资——基于创业板上市公司的经验证据［J］．现代管理科学，2021（8）：57－67.

[104] 肖建辉．基于政府干预理论的中国供应链稳定性研究［J］．当代经济管理，2022，44（5）：27－36.

[105] 肖黎明，李鑫．外资流入促进中国产业升级的作用机理——产业链的视角［J］．河南社会科学，2014（10）：79－83.

[106] 肖振红，李炎，范君荻．空气污染对区域创新能力的影响——基于人力资源流动的中介作用与市场化水平的调节作用［J］．系统管理学报，2021，30（5）：994－1004.

[107] 谢林海，李一帆，郑明贵．财税激励政策对新能源产业创新绩效的影响——研发投入的中介效应［J］．管理现代化，2022（1）：53－57.

［108］许慧，吴清云，蒋瑜峰．论融资约束对税收优惠与企业研发投资关系的影响——基于创业板的实证分析［J］．企业经济，2021，40（1）：151-160.

［109］许景婷，张兵，张家峰等．税收激励企业技术创新能力提升的效应研究——基于江苏省上市公司的微观数据分析［J］．科技管理研究，2012，32（10）：1-4.

［110］许玲玲，杨筝，刘放．高新技术企业认定、税收优惠与企业技术创新——市场化水平的调节作用［J］．管理评论，2021，33（2）：130-141.

［111］许为宾，吕星赢，周建等．政府治理影响企业创新绩效的机制：市场效应与羊群效应［J］．科技进步与对策，2018，35（18）：120-126.

［112］徐建斌，彭瑞娟．企业所得税优惠政策对数字经济企业研发投入的激励效应研究［J］．税务研究，2022（7）：70-75.

［113］徐礼伯．战略的逻辑［M］．北京：经济管理出版社，2022.

［114］徐礼伯，沈坤荣．全国统一大市场建设与双循环新发展格局构建［J］．经济问题，2022（8）：1-8.

［115］徐礼伯，张雪平．美国"再工业化"与中国产业结构转型升级［M］．北京：经济管理出版社，2019.

［116］徐晔，蔡奇翰，宗赟．加速折旧政策对企业研发创新和固定资产投资的影响分析［J］．复旦学报（社会科学版），2021，63（6）：181-188.

［117］严爱玲，江宏，郑书莉．政府补贴对创业企业IPO长期绩效的影响研究——以高新技术创业企业为例［J］．投资研究，2021，40（6）：40-52.

［118］严若森，陈静，李浩．基于融资约束与企业风险承担中

介效应的政府补贴对企业创新投入的影响研究 [J]. 管理学报，2020，17 (8)：1188 – 1198.

[119] 严若森，钱向阳，肖莎等. 家族涉入的异质性对企业研发投入的影响研究——市场化程度与政治关联的调节作用 [J]. 中国软科学，2019 (11)：129 – 138.

[120] 杨帆，王满仓. 融资结构、信息技术与创新能力：数理分析与实证检验 [J]. 中国科技论坛，2021 (1)：73 – 83.

[121] 杨玲，沈中华. 融资约束、银行贷款与公司金融化 [J]. 财会通讯，2020，23：60 – 64.

[122] 杨晓光，高自友，盛昭瀚等. 复杂系统管理是中国特色管理学体系的重要组成部分 [J]. 管理世界，2022 (10)：1 – 24.

[123] 杨志强，袁梦，张雨婷. 企业研发创新与债券信用利差——基于信号传递理论的分析 [J]. 上海财经大学学报，2021，23 (1)：42 – 60.

[124] 扬子晖，周颖刚. 全球系统性金融风险溢出与外部冲击 [J]. 中国社会科学，2018 (12)：69 – 90.

[125] 余长林，池菊香. 知识产权保护、融资约束与中国企业研发投入 [J]. 吉林大学社会科学学报，2021，61 (3)：142 – 153.

[126] 于胜道，何玲，李小华. 自由现金流与企业研发投入：激励效应还是挤出效应？——兼论管理决断权的调节效应 [J]. 金融发展研究，2022 (8)：38 – 47.

[127] 于文超，殷华，梁平汉. 税收征管、财政压力与企业融资约束 [J]. 中国工业经济，2018 (1)：1 – 8.

[128] 约翰·梅纳德·凯恩斯. 就业利息和货币通论 [M]. 西安：陕西人民出版社，2005.

[129] 曾振，沈维涛. 创业板上市公司估值特征及影响因素研

究［J］. 证券市场导报，2016（3）：32-39.

［130］翟光宇，王瑶. 金融发展、两类代理成本与企业研发投入——基于2009—2018年A股上市公司的实证分析［J］. 国际金融研究，2022（3）：87-96.

［131］湛泳、王浩军. 国防科技融资方式对创新效率的影响——基于军工上市企业面板数据的研究［J］. 经济理论与经济管理，2019（11）：82-99.

［132］张艾莉，孙新宇. 数字金融、银行主动风险承担与企业融资约束［J］. 调研世界，2022（10）：58-65.

［133］张多蕾，邹瑞. 会计信息质量、制度环境与企业创新绩效［J］. 财经问题研究，2021（8）：101-112.

［134］张广婷，任斯南. 高新技术企业所得税优惠的政策效应研究［J］. 复旦学报（社会科学版），2021，63（3）：155-164.

［135］张杰，郑姣姣，陈容. 中国"不对称"市场化改革的抑制激励效应［J］. 中国经济学，2022（1）：34-82.

［136］张岭. 股权与债权融资对技术创新绩效的影响研究［J］. 科研管理，2020，41（8）：95-104.

［137］张三保，康璧成，张志学. 中国省份营商环境评价：指标体系与量化分析［J］. 经济管理，2020，42（4）：5-19.

［138］张璇，李子健，李春涛. 银行业竞争、融资约束与企业创新：中国工业企业的经验证据［J］. 金融研究，2019（10）：98-116.

［139］张一林，龚强，荣昭. 技术创新、股权融资与金融结构转型［J］. 管理世界，2016（11）：65-80.

［140］张玉娟，张学慧，长青等. 股权结构、高管激励对企业创新的影响机理及实证研究——基于A股上市公司的经验证据［J］. 科学管理研究，2018，36（2）：67-70.

［141］赵莉，张玲．媒体关注对企业绿色技术创新的影响：市场化水平的调节作用［J］．管理评论，2020，32（9）：132－141.

［142］赵兴明，孔颖，刘胜强．政府补助、R&D 投入与企业绩效［J］．财会通讯，2020（15）：85－87.

［143］赵云辉，张哲，冯泰文等．大数据发展、制度环境与政府治理效率［J］．管理世界，2019，35（11）：119－132.

［144］肇启伟．中国创业板 IPO 价格行为研究．北京：中国金融出版社，2021.

［145］郑江淮，张玉昌．政府研发资助促进企业创新的有效性：激励效应异质性假说与检验［J］．经济理论与经济管理，2019（12）：17－34.

［146］郑明贵，张静，董娟．融资渠道、政府补助与中国矿业企业研发投入［J］．黄金科学技术，2021，29（3）：457－466.

［147］周建，许为宾．政府治理影响民营企业生产率的机制：市场效应还是代理成本效应［J］．经济理论与经济管理，2016（1）：84－97.

［148］周玲玲，张恪渝．新冠肺炎疫情对中国贸易增加值的影响效应［J］．产业经济评论，2020（6）：5－15.

［149］周泰云．创新政策与企业研发投入——来自中国上市公司的证据［J］．技术经济，2020，39（9）：170－180.

［150］朱滔，丁友刚．产权性质、领导权结构变化与公司业绩［J］．会计研究，2016（5）：48－55.

［151］朱晓荞，刘馨著，陈少华．行政处罚对独立董事的间接威慑效应［J］．经济管理，2022，44（6）：133－152.

［152］朱永明，赵程程，贾明娥等．税收优惠对企业研发投入的影响研究——基于所有制与地区市场化的联合调节效应［J］．财会通讯，2019（18）：92－97.

［153］ Adomako, S. , Opoku, R. A. , and Frimpong, K. Entrepreneurs' improvisational behavior and new venture performance: Firm-level and institutional contingencies ［J］. Journal of Business Research, 2018, 83: 10 – 18.

［154］ Akerlof, G. A. The market for "Lemons": Quality uncertainty and the market mechanism ［J］. The Quarterly Journal of Economics, 1970, 84 (3): 488 – 500.

［155］ Baron, R. M. , and Kenny, D. The moderator-mediator variable distinction in social psychological research: Conceptual, strategic, and statistical considerations ［J］. Journal of Personality and Social Psychology, 1986, 51 (6): 1173 – 1182.

［156］ Baskin, J. An empirical investigation of pecking order hypothesis ［J］. Financial Management, 1989, 18 (1): 26 – 35.

［157］ Baumol, W. J. Entrepreneurial enterprises, large established firms and other components of the free-market growth machine ［J］. Small Business Economics, 2004, 23 (1): 9 – 21.

［158］ Berkovitch, E. , and Kim, E. H. Financial contracting and leverage induced over-and under-investment incentives ［J］. The Journal of Finance, 1990, 45 (3): 765 – 794.

［159］ Bernini, M. , and Montagnoli, A. Competition and financial constraints: A two-sided story ［J］. Journal of International Money and Finance, 2017, 70: 88 – 109.

［160］ Blanes, J. V. and Busom, I. Who participates in R&D subsidy programs? The case of Spanish manufacturing firms ［J］. Research Policy, 2004, 33 (10): 1459 – 1476.

［161］ Boubaker, S. , Saffar, W. , and Sassi, S. Product market competition and debt choice ［J］. Journal of Corporate Finance, 2018,

49：204 – 224.

[162] Brown, J. R. , Martinsson, G. , and Petersen, B. C. Law, stock markets, and innovation [J]. The Journal of Finance, 2013, 68 (4)：1517 – 1549.

[163] Bushman, R. M. , and Piotroski, J. D. Financial reporting incentives for conservative accounting：The influence of legal and political institutions [J]. Journal of Accounting and Economics, 2006, 42 (1 – 2)：107 – 148.

[164] Campello, M. , Graham, J. R. , and Harvey, C. R. The real effects of financial constraints：Evidence from a financial crisis [J]. Journal of Financial Economics, 2010, 97 (3)：470 – 487.

[165] Colombo, M. G. , Croce, A. , and Guerini, M. The effect of public subsidies on firms' investment cash flow sensitivity：Transient or persistent [J]. Research Policy, 2013, 42 (9)：1605 – 1623.

[166] Cornell, B. , and Shapiro, A. C. Financing corporate growth [J]. Journal of Applied Corporate Finance, 1988, 1 (2)：6 – 22.

[167] De Rassenfosse, G. , and Fischer, T. Venture debt financing：Determinants of the lending decision [J]. Strategic Entrepreneurship Journal, 2016, 10 (3)：235 – 256.

[168] Diamond, D. W. Monitoring and reputation：The choice between bank loans and directly placed debt [J]. Journal of Political Economy, 1991, 99 (4)：689 – 721.

[169] Drover, W. A review and road map of entrepreneurial equity financing research：Venture capital, corporate venture capital, angel investment, crowdfunding, and accelerators [J]. Journal of Management, 2017, 43 (6)：1820 – 1853.

[170] Fazzari, S. M. , Hubbard, R. G. , and Petersen, B. C. Financing constraints and corporate investment [J]. Brookings Papers on Economic Activity, 1988, 1: 141 – 195.

[171] Friedman, M. Capitalism and Freedom [M]. Chicago: The University of Chicago Press, 1962.

[172] Gao, R. , Hu, H. W. , and Yoshikawa, T. Attraction versus competition: A tale of two similarity effects in director selection of Chinese firms [J]. Asia Pacific Journal of Management, 2022, https: //doi. org/10. 1007/s10490 – 022 – 09850 – 9.

[173] Giebel, M. , and Kraft, K. External financing constraints and firm innovation [J]. The Journal of Industrial Economics, 2019, 67 (1): 91 – 126.

[174] Granovetter, M. Economic action and social structure: The problem of embeddedness [J]. American Journal of Sociology, 1985, 91: 481 – 510.

[175] Greenwald, B. C. , and Stigliz, J. E. Financial market imperfections and business cycles [J]. The Quarterly Journal of Economics, 108: 77 – 114.

[176] Hadlock, C. J. , and Pierce, J. R. New evidence on measuring financial constraints: Moving beyond the KZ index [J]. Review of Financial Studies, 2010, 23 (5): 1909 – 1940.

[177] Halac, M. , and Prat, A. Managerial attention and worker performance [J]. American Economic Review, 2016, 106 (10): 3104 – 3132.

[178] Hall, B. H. The financing of research and development [J]. Oxford Review of Economic Policy, 2002, 18 (1): 35 – 51.

[179] Hirth, S. , and Viswanatha, M. Financing constraints,

cash-flow risk, and corporate investment [J]. Journal of Corporate Finance, 17 (5): 1496 – 1509.

[180] Howell, S. T. Financing innovation: Evidence from R&D grants [J]. American Economic Review, 2017, 107 (4): 1136 – 1164.

[181] Hu, L. Y., Gu, J. B., Wu, J. L., and Lado, A. A. Regulatory focus, environmental turbulence, and entrepreneur improvisation [J]. International Entrepreneurship Management Journal, 2018, 14: 129 – 148.

[182] Hunt, R. A., Song, Y., Townsend, D. M., and Stallkamp, M. Internationalization of entrepreneurial firms: Leveraging real options reasoning through affordable loss logics [J]. Journal of Business Research, 2021, 133: 194 – 207.

[183] Jaffe, A. B. Demand and supply influences in R&D intensity and productivity growth [J]. The Review of Economics and Statistics, 1988, 70 (3): 431 – 437.

[184] Kaplan, S. N., and Zingales, L. Do investment-cash flow sensitivities provide useful measures of financing constraints [J]. Quarterly Journal of Economics, 1997, 112 (1): 169 – 215.

[185] Kaplan, S. N., and Zingales, L. Investment-cash flow sensitivities are not valid measures of financing constraints [J]. Quarterly Journal of Economics, 2000, 115 (2): 707 – 712.

[186] Khan, M. K., Kaleem, A., Zulfiqar, S., and Akram, U. Innovation investment: Behaviour of Chinese firms towards financing sources [J]. International Journal of Innovation Management, 2019, 23 (7): 1950070.

[187] Kleer, R. Government R&D subsidies as a signal for private

investors [J]. Research Policy, 2010, 39 (10): 1361 – 1374.

[188] König, M., Storesletten, K., Song, Z., and Zilibotti, F. From imitation to innovation: Where is all that Chinese R&D going? [J]. Econometrica, 2022, 90 (4): 1615 – 1654.

[189] Kraft, A. G., Vashishtha, R., and Venkatachalam, M. Frequent financial reporting and managerial myopia [J]. The Accounting Review, 2018, 93 (2): 249 – 275.

[190] Lambrinoudakis, C., Skiadopoulos, G., and Gkionis, K. Capital structure and financial flexibility: Expectations of future shocks [J]. Journal of Banking and Finance, 2019, 104: 1 – 18.

[191] Lee, J. W. Government interventions and productivity growth [J]. Journal of Economic Growth, 1996, 1 (3): 391 – 414.

[192] Lemmon, M. L., and Zender, F. J. Asymmetric information, debt capacity, and capital structure [J]. Journal of Financial and Quantitative Analysis, 2019, 54 (1): 31 – 59.

[193] Lester, R. H., Hillman, A. J., Zardkoohi, A., and Cannella, J. A. A. Former government officials as outside directors: The role of human and social capital [J]. Academy of Management Journal, 2008, 51 (5): 999 – 1013.

[194] Li, H., and Zhou, L. A. Political turnover and economic performance: The incentive role of personal control in China [J]. Journal of Public Economics, 2006, 89 (9 – 10): 1743 – 1762.

[195] Luo, W., and Li, H. Do government R&D subsidies affect enterprises' access to external financing? [J]. Canadian Social Science, 2015, 11 (11): 98 – 102.

[196] Ma, H., Xiao, B., Guo, H., Tang, S. S., and Singh, D. Modeling entrepreneurial team faultlines: Collectivism, knowledge

hiding, and team stability [J]. Journal of Business Research, 2022, 141: 726 – 736.

[197] Meuleman, M., and De Maeseneire, W. Do R&D subsidies affect SMEs' access to external financing? [J]. Research Policy, 2012, 41 (3): 580 – 591.

[198] Miloud, T. Corporate governance and the capital structure behavior: Empirical evidence from France [J]. Managerial Finance, 2022, 48 (6): 853 – 878.

[199] Modigliani, F. and Miller, M. H. The Cost of Capital, Corporation Finance and the Theory of Investment [J]. The American Economic Review, 1958, 48: 261 – 297.

[200] Myers, S. C. and Majluf, N. S. Corporate financing and investment decisions when firms have information that investors do not have [J]. Journal of Financial Economics, 1984, 13 (2): 187 – 221.

[201] Nikolov, B., Schmid, L., and Steri, R. The sources of financing constraints [J]. Journal of Financial Economics, 2021, 139 (2): 478 – 501.

[202] Oliver, C. Sustainable competitive advantage: Combining institutional and resource-based views [J]. Strategic Management Journal, 1997, 18 (9): 697 – 713.

[203] Peng, H. X., Tan, H. P., and Zhang, Y. Human capital, financial constraints, and innovation investment persistence [J]. Asian Journal of Technology Innovation, 2020, 28 (3): 453 – 475.

[204] Rammer, C., Czarnitzki, D., and Spielkamp, A. Innovation success of non – R&D-performers: Substituting technology by management in SMEs [J]. Small Business Economics, 33 (1): 35 – 58.

［205］Rimante, S. Networks' impact on the entrepreneurial inter-nationalization: A literature review and research agenda ［J］. Management International Review, 2019, 59: 779 - 823.

［206］Song, Z., Storesletten, K., Zilibotti, F. Growing like China ［J］. American Economic Review, 2011, 101 (1): 196 - 233.

［207］Spence, M. Job market signaling ［J］. Quarterly Journal of Economics, 1973, 87: 355 - 374.

［208］Stein, J. C. Information and Corporate Investment ［J］. Handbook of the Economics of Finance, 2003, 1 (Part A): 111 - 165.

［209］Su, D. J. and Y. G. Kim. What promotes international sustainable development of green ventures? The joint effects of entrepreneurial orientation and home country-based networks ［J］. Journal of Korea Trade, 2022, 26 (4): 39 - 62.

［210］Suhardi, S., and Afrizal, A. How does the pecking-order theory explain the bank's capital structure in Indonesia? ［W］. MPRA Working Paper, 2018, 22 (1): 73 - 82.

［211］Sun, P., Hu, H. W., and Hillman, A. The dark side of board political capital: Enabling block-holder rent appropriation ［J］. Academy of Management Journal, 2016, 59 (5): 1801 - 1822.

［212］Takalo, T., and Tanayama, T. Adverse selection and financing of innovation: Is there a need for R&D subsidies ［J］. Journal of Technology Transfer, 2010, 35 (1): 16 - 41.

［213］Thomas, V. J., and Maine, E. Market entry strategies for electric vehicle start-ups in the automotive industry - Lessons from Tesla Motors ［J］. Journal of Cleaner Production, 2019, 235: 653 -

663.

[214] Vismara, S. Information cascades among investors in equity crowdfunding [J]. Entrepreneurship Theory and Practice, 2018, 42 (3): 467 –497.

[215] Wang, Y., Hong, A., Li, X., and Gao, J. Marketing innovations during a global crisis: A study of China firms' response to COVID –19 [J]. Journal of Business Research, 2020, 116: 214 – 220.

[216] Yin, X. Z. Government Subsidies, Financial Structure and R&D investment: Evidence from Chinese SMEs [J]. Journal of Service Science and Management, 2019, 12 (2): 186 –199.

[217] Zeidan, R., Galil, K., and Shapir, O. M. Do ultimate owners follow the pecking order theory? [J]. Quarterly Review of Economics & Finance, 2018, 67: 45 –50.

[218] Zhang, X., Ma, X., Wang, Y., Li, X., and Huo, D. What drives the internationalization of Chinese SMEs? The joint effects of international entrepreneurship characteristics, network ties, and firm ownership [J]. International Business Review, 2016, 25 (2): 522 – 534.

[219] Zheng, L., Cao, L. K., Ren, J., Li, X. B., Yin, X. M., and Chen, J. How venture capital firms choose syndication partners: The moderating effects of institutional uncertainty and investment preference [J]. Management and Organization Review, 2022, 18 (3): 463 –490.

[220] Zhu, Y., Wittmann, X., and Peng, M. W. Institution-based barriers to innovation in SMEs in China [J]. Asia Pacific Journal of Management, 2012, 29 (4): 1131 –1142.